ありがとう

と言われる

接客・販売の教科書

川﨑真衣

あさ出版

はじめに

本書を手にとってくださり、ありがとうございます。

ペラペラとめくってそっと戻してしまう前に、本書をどんな方に読んでいただきたいか、どんな方に向いているかをご案内させていただきます。

⬇接客・販売スキルを高めたい方

ストレートに本書が一番必要な方だと思われます。

世の中のほとんどの仕事が接客や販売の要素を持っていると言えます。つまり、接客や販売のスキルを高めること、イコール仕事そのもののスキル向上に直結します。

まずは一度サラリと読んでいただき、やる気が出てきたところで順番に実践に移していただくのがオススメです。

お客様とのコミュニケーションに苦手意識がある方

話すこと自体は嫌いじゃない、勝手知った人とのコミュニケーションは不得意ではないのに、お客様とのコミュニケーションとなるとどうもうまくいかない、そんな方は結構多いと思います。その理由は簡単で「目的が設定されている」からです。

お客様とのコミュニケーションでは、相手を満足させなければならない、売上を上げなければいけないという目的が設定されているので、行き当たりばったりではコミュニケーションは上達しません。目的ありきのコミュニケーションをマスターする、そのとっておきの方法が本書には惜しげもなく盛り込まれています。

売上や客数・客単価をアップさせたい方

義理人情だけではモノは売れない、生ぬるいハウツーが聞きたいのではなく効果的に確実に売上がアップを実現する方法が知りたいという方にこそ知っていただきたいことがあります。

それは、人間には「感情」が存在し、「なんかイイ」という説明のつきにくい思考で、お気に入りの店や商品を選びとっているという事実です。

だからこそ、人間の感情の本質に目を向けながら、お客様に確実に選ばれる接客・販売のスキルを身につけることが、結局のところ売上アップの一番の近道です。その方法は、エクセルシートを使いこなせるようになるよりも難しく大変なことですので、覚悟して読んでください。

自分の仕事に自信を持って取り組めない方

自分に自信を持てないとき、よく言ってしまうのが、「上司がわかってくれない……」という責任転嫁発言です。ですが、他者の責任を追及することはその場しのぎにしかならず、根本的な解決にはなっていないことに、あなたもお気づきのはずです。

そもそも自信とは他者から与えられるものでなく、自分の努力によって高めていくというのが私の考え方です。まずはその努力の方法を、本書で学んでいきましょう。

⬇転職を考えている方

たった一度しかない人生です、様々なことにチャレンジしていこうとするあなたの心意気を、私も陰ながら応援させていただきたいと思っています。ただ、年齢や職種にもよりますが、チャレンジ精神だけではうまくいかないのが転職です。転職では必ず前職での取り組みや姿勢、どんな目的を持ち、何をなしたかという、平たく言ってしまうと〝実績〟が問われます。何度も転職をしてきた私が言うので、おそらく間違いありません。

今のあなたは自信を持ってそれらを語ることができますか。もし自信がなかったら胸をはれる自信をつくってからでも遅くはありません。そのヒントは、「『ありがとう』と言われる仕事をすること」です。

⬇頑張ってほしい後輩や部下の指導方法で悩んでいる方

思っていたよりできの悪い後輩や、こんな簡単なこともできないのかとカミナリを落としたくなってしまう部下を目の前に悩んでいるあなたの、そんなご苦労をお察しいたします。しかし、そんなあなたも赤ちゃんを前にして「ご飯はこぼさないでキレイに食べなさい！」「ちゃんとまっすぐ歩きなさい！」とは言わないですよね。

もしかすると、後輩や部下が頑張るための土台ができあがっていないことに気づかず、いきなり結論だけを求めてはいないでしょうか。すべての物事は基礎の上に成り立ちます。本書ではその基礎づくりの方法を、順番に解説しています。

⬇私の研修や講演を聞いたことがある方

お久しぶりです、お元気でしたか？　その後いかがですか？　ご活躍であることを願うばかりですが、人間というものは「忘れる」生き物ですから、今でもモチベーションマックスでバリバリと、とはいかないものですよね。

だからこそ、いつでもあのときの熱い気持ちを思い出せるように、本書をお側に置いていただけると、あなたの強い味方になること間違いなしです。

なんとなく手にとってしまった方

理屈ではなく、きっと心が求めているのでしょう。その本能に従ってレジに向かうことを推奨いたします。

いかがでしょうか。一つでも当てはまるものがありましたら、このまま本書を読み進めてみることをオススメいたします。

お客様から「ありがとう」と言われる仕事をすることが生きがいの私が、本書を通じてあなたの仕事をハッピーにするお手伝いをさせていただきます。

川﨑真衣

CONTENTS

第2章

職場でオンリーワンの存在になる

第3章 アタリマエの磨き方

第4章 お客様とのコミュニケーションは「3K」

第5章 仕事の情報をストックする

第6章 自信のつくり方

第1章

お客様から「ありがとう」をいただこう

❖「ありがとう」をいただくために仕事をする

お客様に「ありがとう」と言われたら、今日一日の辛かったことや大変だったことが、ぜんぶ吹き飛んでしまった――。

接客・販売の仕事をしていて、そんな感覚を持ったこと、あると思います。

「ありがとう」という言葉には、何物にもかえがたいパワーが秘められています。そもそも、相手の喜ぶ姿や表情が見られただけで、仕事の疲れが一気に心地よいものに変わっていきますよね。

では、ここで質問です。

あなたは、その「ありがとう」を、いつもどのようにして、お客様からもらおうとしていますか？

「別に、『ありがとう』をもらうために、しているわけじゃないし……」

「『ありがとう』って、もらおうとするものじゃなくて、結果として、いただけるものだと思うんですが……」

本当にそうでしょうか？

最初に、ちゃんと説明しておきましょう。

「ありがとう」とは、お客様から自然発生的に出てくるのを待つものではなく、はじめから「ありがとう」と言われるための努力をすることによって、意図的に生み出すものです。

もう少し、踏み込んで言います。


お客様から「ありがとう」の言葉をいただくために仕事をしましょう。

それによって、あなた自身が最高に気持ちよくなるために仕事をしましょう。

❖「ありがとう」の好循環

それって自己中心的では……と思われましたか。


でもよく考えてみてください。

接客・販売の仕事において、「ありがとう」と言われるのは、あなたが、お客様からいただく対価と等価値、いいえ、それ以上の働きをしたから、ですよね。

であれば、「ありがとう」と言われるように仕事をするってとても大事なことです。

「ありがとう」を追求するからこそ、どうしたらお客様に喜んでもらえるか、納得してもらえるか、お客様がよりよい状態になるか、お客様のハッピーにつながるかを真剣に考えることができ、〝いい仕事〟ができるのです。

それによって、例えば売上という〝結果〟もついてきます。

「ありがとう」を言う人は、あなたの行動や働きに感謝しているわけですから、当然ハッピーな状態です。

その「ありがとう」を受けてあなた自身もハッピーになる。

そして、自分が幸せな気持ちになれることがわかっていて、そこを目指して働けば、また相手にハッピーな状態をつくることができる――。

幸せの連鎖、**「ハッピーサイクル」**ですね。

「ありがとう」は「有難う」と書きます。

つまり、「有る」のが「難しい」のです。**「ありがとう」は、普通ではできなかったことに対して贈られる最上級の感謝の一言です。**

ですから、いいじゃないですか。

「ありがとう」をもらって、自分が気持ちよくなるために仕事をすると考えても。

ハッピーサイクルを意識して仕事をしましょう。

仕事だからと自分に言い聞かせて、何も求めずただただ相手に尽くすだけ尽くす。

そうやって頑張るのは苦痛でしかありませんし、不健康です。

この努力の先には自分をもハッピーにする結果が待っているんだ。

「ありがとう」という快感で爽快なフレーズが待っているんだ。

そう思いながら仕事ができたほうが、頑張れますし、なにより楽しいですよね。

仕事は楽しくできたほうがいいに決まっています。

相手に尽くした結果が「ありがとう」になるのではなく、積極的に「ありがとう」をもらう。そのために、何ができるのかを考えてみてください。

もっと「ありがとう」に貪欲になってみましょう。

❖なぜA君は「ありがとう」と言われなかったのか

ここで一つ、例を挙げてみます。

あなたがお客様の立場になって、この「ありがとう」について、見てみることにしましょう。

飲食店で働いているA君。

A君は、働き始めた当初に教わったことをしっかりと守っています。

①お出迎えをする
②席へご案内する
③メニュー表を渡しオーダーを取る
④料理を運ぶ
⑤会計をする
⑥テーブルを片付ける
⑦次のお客様をご案内できるようにテーブルのセッティングをする

これらの作業フローを確実にこなしていきます。「疲れたなぁ、足が痛いなぁ」なんてことは顔に出さず、キビキビと仕事を進めていく彼。

さて、そんなA君の姿を見て、お客様であるあなたは「ありがとう」と言うでしょうか。

そうですね、よくて「あら、キビキビ働いて素敵な人」くらいの感想を持って、食事中の会話に出すぐらいではないでしょうか。

なぜでしょうか。文句の付け所がなく、問題なく働いているのに、どうして感謝の一言「ありがとう」が出ないのでしょう。

このように考えてみると、とても簡単なことですよね。作業フロー通りの仕事をしていると、あなたはA君に対して特に何も感じないのです。普通に仕事をしているだけだ、と。

一方、A君の気持ちになると「毎日、いつも頑張って働いているのに！」と思いがちですが、こうして客観的に見てみるととてもよくわかります。

ちょっとやそっとの、言うなれば「普通に仕事をしている」程度の頑張りでは、人は「ありがとう」の言葉を発しないのです。

❖「ありがとう」に必要なもの

では、A君があなたから「ありがとう」と言われるためには、どうしたらよかったのでしょうか。

お出迎えのとき、あなたに気づいて扉を先に開けて待っていたら。
席へのご案内のときに、あなたの希望の席を聞いてご案内したら。
メニュー表を渡すときに、オススメを伝えたら。
あなたの気分にあわせた料理を紹介したら。
料理を運んだとき、美味しい食べ方などプラスアルファの情報を伝えていたら。
会計のとき、料理の感想を聞いたり「またどうぞお越しください」と言えたら。
隣のテーブルをセッティングするとき、あなたに「ごゆっくり」と伝えていたら。

こうしたことをA君がしていたら、お客様であるあなたは思わず「ありがとう」と口にしたのではないでしょうか。

もちろん、このうち一つでも実行しようとすると、通常決められた仕事にプラスして行うわけですから、大変だと思います。

特に、会話が想定されるものに関しては、相手のリアクションがわからないため、事前にいくつか話のパターンを用意しておき、それらを使いながら、頭をフル回転させてお客様と話をする必要があります。

ただ、こうやって頑張ることによって、相手が快適でハッピーな気持ちになれば「ありがとう」がもらえ、自分自身も「やってよかった」という達成感と、小さなハッピーを感じることができるのです。

つまり「ありがとう」にはあなたの頑張りが欠かせません。

その頑張りで相手から感謝の一言をもらうことができます。

よく「せっかく同じ仕事をするのなら、楽しくやろう」と言われますが、その意味するところって、このようなことを指すのではないでしょうか。

ゲラゲラ笑いが止まらない、楽しい仕事なんてありません。しかし、苦しいだけの仕事も本来はないと思います。

あなた自身のあともう一歩の頑張りがあれば、どんな苦しく大変な仕事の先にも「ありがとう」というハッピーが待っています。

「やってよかった」という結果が生まれます。


仕事を苦しく大変なものにするか、楽しく気持ちのいいものにするかは、結局のところ〝自分〟次第なのです。

同じ仕事をするならば、ちょっと力を入れて頑張って、結果を「ありがとう」で気持よく締めくくりましょう。

「ありがとう」という何気ない一言は、実はとってももらうのが大変で、だからとっても嬉しい言葉です。

❖ディズニーランドは「ありがとう」をもらいやすい職場!?

もう一つ例をあげてみましょう。

今度は、私が経験したことをお話しします。

私が、一番長い期間働いていた現場は、テーマパークでした。

生まれて初めて働いてお給料をいただいたのも、接客業に魅せられたきっかけとなったのも、テーマパークでの仕事でした。

――ということを話すと、昔はよく言われました。

「テーマパークの仕事ね、そりゃ楽しいでしょ」

遊ぶところだからお客様のテンションも高いし、文句も出なさそうだし、「ありがとう」がもらいやすそうな環境だよね、だからスタッフもモチベーションが高くて当たり前だよね、と。

でも、そうではないんですね。

むしろ、遊ぶところだからこそ、「ありがとう」をもらう難しさと、「ありがとう」をもらう嬉しさを同時に学ぶことができたと思います。

なぜ「ありがとう」をもらうのが難しいか。それは、正に皆さんのイメージ通り「遊ぶところだからお客様のテンションも高いし、文句も出なさそう」というところ。実はここが「ありがとう」を難しくしている要因です。

お客様は入場料だけで決して安くはない金額を支払われます。そして、わざわざ遠方から足を伸ばしてくださる方がほとんどです。

ですから、ちょっとしたサービスなんか「されて当然」という気持ちが強いのです。明るく笑顔で元気のよい挨拶など、それだけでお褒めいただくようなことは滅多にありません。おまけに、期待値が高いので、ちょっとしたことがすぐクレームにつながります。

すでに説明した通り、「ありがとう」という一言は、やって当然の仕事をしているだけではお客様からはいただけません。

つまりお客様のテンションや期待値が高ければ高いほど「ありがとう」は遠くなる、という側面があります。

テーマパークで働いている人は、モチベーションが常に最高潮で「ありがとう」を自在に操れる——そんな状況では、まったくないということなんですね。

私も、多くの人と同じように「仕事行きたくない……」という朝を数えきれないほど経験してきました。

❖「ありがとう」は最高のモチベーションの源

では、そんな状況で「ありがとう」と言われる人になるためにどんなことをしていたのか、というと、与えられた役割をしっかりとこなし、自分のできることを限界までやってみることでした。そしてアタリマエのことを徹底的にやること、それによって、多くのお客様から「ありがとう」をいただくことができました。

期待していた答えと違っていましたか？

でも、これだけなのです。

「これだけ」と言っても「自分のできることを限界までやる」「アタリマエのことを徹底的にやる」というのは、言うほどシンプルなものではありません。

他の人より何倍も時間をかけ、何倍も考え、何十回も何百回も挑戦し、その体験を積み上げていき、また新たに何倍も行動するのです。すべては「ありがとう」の一言を聞くために、です。

「ありがとう」のためになぜそこまでするのか、と思いますか？

繰り返しますが、「ありがとう」は「有る」のが「難い」ことなのです。簡単なことではありません。

だからこそ、大変だった仕事のその先にある「ありがとう」は最高の活力になりうるのです。それこそ、勉強や教育では得られないモチベーションの源です。「ありがとう」がもらえる仕事ができると、とても楽しくなります。もう一回やってみよう、頑張ろうという気持ちが沸いてきます。

特別な才能が必要なものではありません。

学力が必要なものでもありません。

「ありがとう」をもらえる仕事の方法については順に紹介していきますが、まずは、強く「ありがとう」を求める気持ちを高めましょう。

❖仕事とプライベート、切り離して考えられる？

仕事を楽しいものにしよう、と言うと、こう言う人もいるかもしれません。

「仕事は、家庭やプライベートを充実させるためのお金を稼ぐ手段。だから辛くても、そのときだけ我慢すればいいんです。私にとっては、プライベートを気持よく過ごすことが何よりも大切です」

でも、それって無理ではないでしょうか、本当のところ。

仕事をしている多くの人は、一日で見ても、一年で見ても、一生で見ても、そのほとんどの時間を仕事にあてるわけです。

人間は意外に器用にできていなくて、仕事がマイナスな状態なのに、プライベートがプラスな状態になることは、私も経験済みですが、ほぼありません。

仕事がうまくいかずイライラした状態でいると、そのとげとげしい気持ちは、とげのある言動になって、家族や友人といった周りの人々にぶつけられます。

そうならないように抑えたとしても、その感情は、何らかの形で必ず姿を現します。物にあたったり、壊したくなってしまったり、自分を痛めつけてしまったり……なによりあなたの心が壊れてしまいます。それでは、あなただけでなく、周りの人もまったくハッピーにはなりません。

自分の仕事が楽しくハッピーを感じられる状態であることとは、周りの人へ「ありがとう」を言える余裕をつくり出します。

そうなるためには、まず自分が「ありがとう」と言われる人になっていく必要があります。

ですからここまでお伝えしてきたように、「ありがとう」をいただける仕事ができるようになると、単に仕事が楽しくなるだけでなく、人生をもハッピーにすることができるのです。

❖諦めたり、妥協したりする前に

ここで勘違いしてはいけないのが、「ありがとう」がもらえる、楽しい仕事を探しましょう！　と言っているのではないということです。仕事はどんなものであっても楽しむことができます。

私も会社に勤めている間は、仕事への感じ方や取り組み方は人それぞれ、職種それぞれだと思っていました。もちろんそうした部分はあるのでしょうが、現在、外部から様々な業種の企業に関わらせていただき、多くの人の仕事を客観的に見ることができるようになって、いつも思うことがあります。

「もう少し頑張れば仕事が楽しくなるのに」

頑張っているようで、まだまだ頑張っていない人が多いのです。
多くの人が、すぐに妥協したり、諦めたりしてしまいます。

「自分は頑張っている」
「やれども、やれども会社が評価してくれない」
「上司の見る目がない」

そのように反論したくなる人もいるでしょう。私もそうした愚痴をよくこぼしていました。

でも、それってあくまで自己評価なんですね。

そもそも、「ありがとう」という評価は、自分でするものではなく、自分以外の人からいただくものです。

それに、そうやって不満を持っているときこそ、後から振り返ってみると、意外とやるべきことをやれていなかったり、やり方や表現のしかたが不十分だったりするのです。

今や仕事のほとんどがサービス業と言ってもいいかもしれません。関係性は違えども「お客様」と関わる仕事が大半を占めます。一般的に言う、接客業だけでなく営業職も、事務職も、清掃業も運送業も、すべて対外的な意味で言えば「お客様」と接する仕事です。

つまり、どの仕事にも「ありがとう」をもらえる可能性が無限に秘められています。

だから簡単に諦めたり、妥協したりする前に「ありがとう」をいただけるよう、頑張ってみましょう。

もちろん「ありがとう」をいただくためには、それなりの努力がいるということは、覚悟してくださいね。

ですが、**「有る」のが「難しい」仕事の先には、大きなハッピーが待っています。**

第1章のまとめ

- □ お客様から「ありがとう」を
  もらうことを決める

- □ お客様から「ありがとう」を
  もらうために頑張ると決める

- □ お客様から「ありがとう」をもらって
  「楽しく仕事をする」と決める

第2章

職場で
オンリーワンの
存在になる

❖まずは今の自分を受け止める

お客様から「ありがとう」と言われるために、まず真っ先にしなければならないこと、それは、意外に思われるかもしれませんが、「今の自分を知ること」です。

どうやって、今の自分を知ればいいのでしょう。

とても簡単です。二つ質問に、答えてください。

Q1　あなたの今の職場での立場はどのようなものでしょうか。

主任やリーダー、トレーナー等の職位ももちろんですが、自分を客観的に見たときの評価はどうですか。周りから認められる「何か」を持っていますか。

答えられた人は、その答えを覚えておいてください。答えられなかった人も、そのまま次の質問に移りましょう。

Q2　今のあなたには どんな目標がありますか。明確にコレと言えなくても、何かに向かって頑張っているでしょうか。

やはり、答えられた人、答えられなかった人、いると思います。

ちなみに、こうやって、「目標は?」とか「将来どうしたいの?」という質問をぶつけられると、逃げ出したくなってしまう人がいるかもしれません。

「わかっています、そういうのがあったほうがいいのは。わかってはいますが、でも、今は見つからないんです……」と。

その気持ちわからなくはないです。

しかし、

「特に目標なんてないんだけど、仕事がなんとなくうまくいって、時々『ありがとう』と言ってもらえて、やりがいがある」

――そんな働き方、本当にあると思いますか？

残念ながら、そんなファンタジーな働き方は現実では存在しません。

あなた自身の頑張りがあってこその「ありがとう」でなければ意味がないし、頑張るためには、何らかの目標は不可欠です。そのことは覚えておいてください。

そもそも、たまたま、まぐれでもらえた「ありがとう」では、心から嬉しくはならないのです。

いずれにせよ、この二つの質問に答えられた人も答えられなかった人も、それが、今のあなたの現実の状態です。

今の自分には、認められるものがあるのか、ないのか。
今の自分には、目指すべき目標があるのか、ないのか。
まずはしっかり今の自分を受け止めてください。

そのうえで、この質問の答えを考えてみましょう。

Q「あなたは『ありがとう』と言われるために、どのような人になりますか？」

❖「ありがとう」と言われるために、どのような人になるか

答えは、いろいろと出てくると思います。
先ほどの質問で、認められるものがある、目指すべき目標があると答えた人は、考えやすいかもしれません。ない人も、頑張って考えてみましょう。

考えましたか？　例えば、このようなものでかまいません。

「気持ちのよい挨拶ができる人」
「どんなお客様の要望にも笑顔でこたえられる人」
「いろいろなことに気のつく人」

そう、まずは簡単で単純なことでいいと思います。
そして、確実にありがとうをもらえる人になるために、そこに、この要素を付け加えてください。

「ナンバーワンになる」

❖ナンバーワンとオンリーワンの関係

「ナンバーワンになる」なんて言うと、マイナスの印象を持つ人、案外多いかもしれませんね。一番になるために、周りを蹴落としていったり、ガツガツ行ったりするといったイメージでしょうか。

もちろん、そうではありません。

ちょっと視点をかえてお話しします。

『世界に一つだけの花』という有名な曲をご存知でしょうか。

その中に、「No.1にならなくてもいい　もともと特別なOnly one」という歌詞があります。

人と比べる必要はない、あなたはこの世に一人しか存在しないのだから、それだけで十分価値がある。だからありのままのあなたを大切にしなさい。

このフレーズの前の歌詞から読み解くと、恐らくこんな意味だと思います。

「あー、その通り！」と、私自身この曲を初めて耳にしたときは大層感動して、仕事で落ち込んだときなど、自分を奮い立たせるようにして聴いていました。大ヒットした曲ですから、同じように共感した人はたくさんいたと思います。

この歌詞はその通りだと今でも思っています。ですが、これはあくまで人は人と違う、同じ人間などこの世に存在しないという至極まっとうな話で、人との違いを認めずに互いを傷つけあうことなどするな、という意味で捉えるべきです。

仕事をするときには、このような考えに安住してはいけません。

頑張らず、現状維持で努力もせず、向上心を持たずに「オンリーワンなんです！認めてください！」なんて言っていたら、職場から放り出されてしまいます。

職場で上司に、部下に、仲間に、認められ必要とされる存在になること、お客様に選ばれる人になること、そうなって初めて「オンリーワン」になれるんですね。では、何をすることで、認められ、必要とされ、選ばれるのでしょうか。

私の答えはこうです。

「どんなに小さなこと、狭い世界でもいいから、その中でナンバーワンになる」

小さなことでもナンバーワンになってこそ、上司に、部下に、仲間に、お客様に、認められ必要とされる唯一無二の存在、「オンリーワン」になるのです。

ナンバーワンになる努力をすることで「あなただから頼みたい」「あなただからできる」と思われる可能性が広がります。

つまり、これは、「ありがとう」をもらえる環境を自分から積極的につくりにいくことができるとてもいい目標設定なんですね。

本当の「オンリーワン」は「ナンバーワン」を目指す人間がなし得る、目指す価値のある頂です。

「ナンバーワン、うわ、自分には無理……」

そんなことはありません。生まれながらにオンリーワンなんですから、ナンバーワンにだってなれるはずです。

❖ナンバーワンの目標を立てる

もちろん、ナンバーワンになる目標はすぐに手が届く簡単なものでは意味がありません。なんといってもナンバーワンです。結構な頑張りの果てにあるべきですね。

といっても、具体的にどんな目標がよいのか、見当がつかないかもしれません。

参考までに、私が働いてきた職場で立てた目標のいくつかをご紹介しましょう。

◎サンリオピューロランドで「ショーのレパートリー数ナンバーワン」になる

人生で初めての仕事をした、キティーちゃんのいるテーマパーク「サンリオピューロランド」では、アトラクション運営のスタッフとしてアルバイトをしていました。

配属された先では、マイクを持ち、最大人数150名のお客様の前で10分間程、シアターに入る前のプレショー（前座）を行う仕事があります。台詞はすでに決められているものがあったのですが、先輩方は皆オリジナルの台詞を持ち、それぞれのカラーでショーを盛り上げていました。

それを見ていて、ノーマルのショーしかできない自分が悔しくなり、どんな状況でもお客様に楽しんでもらえるショーをつくりたいと、一番たくさんショーのレパートリーを持つことを目標に2年程働きました。

その結果、勤務経験が1年を経過したある日、外国人旅行客ばかりになった回のショーで上司から、

「新人の○○さんと交代してお手本見せてあげて！」

と言われるようになり、その頃からショー終わりにお客様をお見送りする際、

「昔来たときより楽しかったよ！」

「今日2回目だけど他のバージョンもあるの？　また入ろっかな！」

と嬉しいお褒めの言葉をいただけるようになりました。

最終的にレパートリーは、基本となるノーマルバージョンの他に、「子どもが多い場合」「カップルが多い場合」「成人女性が多い場合」「成人男性が多い場合」「外国人旅行客が多い場合」「最初から異常にノリがいい場合」「リアクションがほとんど返ってこない場合」「人数が指で数えられるくらいしかいなかった場合」「150名をオーバーするほど人が集まった場合」「パーク混雑でパレードが見られなかった人が行き場をなくして集まった場合」と、11パターンほどつくることができました。

もちろん、その数はスタッフ中、ナンバーワンでした。

◎ジェラートショップで「最年少で店長」になる

ジェラートショップに入社して、15店舗のうち売上1、2位を争う店舗に配属になりました。初めての転職先ということもあり、リセットされた環境で働く不安はとても大きなものがありました。

また、配属先が、繁盛店ということもあり、店長をはじめ社員もアルバイトも経験年数の長い人ばかり。皆、お客様に顔や名前を覚えられていて、「今日はAさんいないの？　残念～」と言われることもしばしばでした。

お客様にとって喜ばれる存在ではない寂しさと、それでいて責任を問われない虚しさから、自分が店長になって一から店をつくりたいと思うようになりました。

そこで立てたのが、最年少で店長になるという目標でした。

ジェラートについて学び、お客様の喜ぶサービスを常に考え実行する。ひたすらそれを積み上げていった結果、その努力を買っていただき、歴代の最年少（20歳）で店長になることができました。

◎東京ディズニーランドで「Wツアー最速デビュー」する

東京ディズニーランドでは、園内をツアー形式でご案内するガイドの仕事につきました。一人でツアーに出られるようになるまで厳しい訓練を受け、やっとの思いでデビューして、お客様をご案内できるようになったのですが、ふと落ち着いて周りを見渡してみると、先輩方は自分がやっとデビューしたレギュラーツアーの他にもう一本、季節ごとのイベントに合わせて実施される特別ツアーにも出ていました。

レギュラーツアーだけでも本にして30ページ分はあろうかという莫大な台詞を頭に叩きこまなければならないのに、加えて全く別のツアーをもう一本。なんて凄いんだ、と尊敬すると同時に、「レギュラーツアーだけのガイドは半人前」的な職場の空気も察知しました。

先輩の話では1年くらいはレギュラーツアーの経験がないと、もう一本別のツアーには出られないと聞きました。おまけにコアなツアーファンのお客様はその事実を知っていて「あぁ、レギュラーツアーご担当なんですね、新人さんですか？」とか言われる始末です。折角お金を払ってガイドツアーしてもらうなら、お客様だってベテランガイドに担当してもらいたいと思うのは当然のことでしょう。

やはり、それが悔しくて、当時、最速の半年で特別ツアーのガイドを担当することを目標に立て努力した結果、半年後、新しい台本を手にすることができ、お客様とも自信を持って堂々とお話できるようになりました。

◎添乗員で「資格試験成績ナンバーワンで合格」する

添乗員を志望した人を養成し、資格取得をサポート、後に旅行代理店に送り込んでくれる派遣会社に転職をしたときのことです。

東京ディズニーランドでのガイドの経験があったので、自信を持って転職したのですが、研修期間初日に早速大きな誤算があったことに気づかされます。

私自身に旅行そのものの経験が乏しく、添乗員に必要な高速道路や電車、バス、新幹線、飛行機等の知識がほぼありませんでした。ツアーを盛り上げることには自信がありましたが、その前にやらなければいけないこと、覚えなくてはいけないことが山積みだったのです。当時、同期入社が15名いたのですが、皆から心配される程の知識のなさでした。

研修期間の最終日に旅程管理主任者という資格試験が控えていました。これに受からなければ、現場に出ることはできません。

運良くギリギリで試験に合格したところで、お客様の旅行への不安は拭い去れず残ります。いくら盛り上げやトークがうまくても、添乗員に求められる「旅の安心」と「任せられる信頼」を提供できなければ、仕事をする意味がありません。

そこで、同期の中で一番になることを目標に、初めて触れる法律の知識はもちろん、特に苦手な電車と飛行機に関する内容を必死で勉強しました。そして15名の中でトップの成績で合格。その後同期の中では最速で電車と飛行機を利用した遠方ツアーにデビューし、一人前の仲間入りをすることができました。

◎人材派遣会社で「任されたイベントで歴代ナンバーワンの実績」を出す

長年サービスの現場で仕事をしてきたこともあり、採用・育成・現場指導までを連続的に行える人材派遣会社に魅力を感じ、転職をしました。

配属されたのは、キャンペーンや会員入会促進イベント等の、短期で人手を必要とされる企業に人材派遣を行う部署でした。その派遣会社の中でも一番大きな顧客であった全国にガソリンスタンドを持つ石油元売会社の、ハウスカード（ブランドマークの入ったクレジットカード）の入会促進イベントに、週末の数日間人材を派遣する仕事を担当することになりました。

しかし、当初はＢ to Ｂの仕事をする経験がほとんどなかったため、数々の失敗を繰り返して、関係各所に迷惑をかけるありさまでした。

私のクライアントになった担当者、採用された派遣スタッフ、派遣スタッフを受け入れる現場のスタッフ、誰にとっても、ド素人の自分が担当をすることがハッピーではない状況で、これを変えるには、やはり、実績でナンバーワンをとるしかないと思い至りました。

数カ月後、グランドオープンするガソリンスタンドのハウスカード入会促進イベントを任された際、10日間の派遣契約で、私たちのチームは歴代ナンバーワンの入会実績をたたき出し、その後クライアントであった石油元売会社の全国にある支店に、自社の名を知られることになりました。

以上、合計五つの目標設定の例をご紹介しました。

ナンバーワンを目標にすることは、自己満足、自己中心的に感じられたでしょうか。自分が頑張った結果でお客様や周りの人々が満足し、その満足を表す「ありがとう」で、ハッピーを感じる仕事がしたい。どの目標も、そんな思いから立てられていると、伝わっていたら嬉しいです。

これらは私の事例ですが、このようにナンバーワンになる努力をし、誰にも負けない部分を磨くことで、「本当のオンリーワン」になれるのです。

ナンバーワンといっても、ものすごく小さくて狭い世界の話です。

でも、**それでいいのです。**

学生時代、クラスで人気者だったり、先生からの厚い信頼を得ていたりする生徒がいたと思います。正直、人気者や信頼を得ているといっても、それはとても狭い世界の話ですよね。クラス単位とか、よくて学年単位とか。それでも十分その生徒はハッピーだったと思うんです。

小さな世界でかまいません。

小さな世界だからこそ、一番になれます。

まずはナンバーワンを目指すことを決めてください。

❖最初からうまくやろうとしないこと、消極的にならないこと

ずっと昔に読んだ本に、このような言葉が書いてありました。

「乗り越えられない壁はない。試練が大きいほどあなたは大きいのです」

ナンバーワンを目指していると、あなたの前に大きな壁が立ちはだかります。目の前にあるこの壁を越えるか壊すかしないと先には進めません。でも、その壁は、あなたがどうにかできるから立ちはだかるものなのです。そのように、この本から教えてもらった気がして、今でも記憶に残っています。大切なのは、ナンバーワンになるために最初からうまくやろうとしないこと。できないかもしれないと思って消極的にならないことです。

ご紹介した五つのナンバーワンの目標は、こうしてサラリとお話すると、なんだか自慢話にしか聞こえないかもしれませんが、どれも、数えきれないほどのチャレンジと失敗、悔し涙を経て達成されたものです。

「ナンバーワンなんて、馬鹿にされるんじゃないか」

「無理だと言われるに違いない」


そのように思っていますか？

昔の私も同じことを思いました。

でも今の私が言えることは、馬鹿にしたり、無理だというその「誰か」には、越えられない壁である、ということです。


大事なのは**あなた自身が無理だと思わなければいい**、それだけのことです。

「ありがとう」と言われるために、ナンバーワンになる覚悟をあなた自身が決めることが何よりも重要なのです。

どんなに小さなことでもナンバーワンにならないと見えない景色があります。

あなたがなりたいナンバーワンを決めましょう。

第2章のまとめ

□ 今の職場で認められるものがあるか、
確認する

□ 今の自分に目指すべき目標があるか、
確認する

□ どんな小さなことでも、
今の職場でナンバーワンになると決める

□ ナンバーワンになることを通して、
オンリーワンの存在になることを決める

□ ナンバーワンになることを無理だとは思わない

□ なりたいナンバーワンを決める

第3章

アタリマエの磨き方

❖会社のこと、職場のこと、どれだけ知っていますか？

「オンリーワン」はナンバーワンを目指す人間がなれるものである。そのように定義しました。

では、あなたがナンバーワンになり、「オンリーワン」の存在になるために必要なことって何でしょうか。

前章でナンバーワン、オンリーワンの目標設定と、その達成プロセスの例をご紹介しましたが、そこから垣間見える努力の量に、ちょっと気が重たくなったかもしれませんね。

ですが、その量はともかく、それぞれの仕事でやったことと言えば、とてもシンプルなことばかりです。

では早速、真のオンリーワンを目指すために、確認しておきたいことがあります。

あなたは自分の会社のことをどれだけ知っていますか。

会社名、住所、電話番号……そうですね、このくらいは当然わかりますよね。

では社長の名前は、知っていますか。大きな会社だと話したことは採用面接以来なく、顔もハッキリわからない方もいるかもしれません。でもここまではセーフの方がほとんどだと思います。

では、その社長の想い、創業者の想いはどうでしょうか。

あなたの会社はどんな目的で、いつ創業されたのか、どんな歴史があるのか、社名の由来、ロゴマークの意味、企業理念や社訓、コンセプト、ミッション等、様々な表現がされていますが、それらの「想い」を語ることはできますか。

それらを知るために会社のホームページを見たことはありますか。

いいえ、見ただけではダメですね、そこに書かれている言葉を自分のこととして捉えていますか。

会社だと大きすぎる、広すぎるという場合は所属の部や課やエリアでのテーマや目標や存在意義、その意味を理解して把握していますか。


そう、まずはここからなのです。

これまで多くの企業で研修や講演を行わせていただきましたが、その際にこの話題を出すと、ほとんどの方々がこれらを答えることができません。

「自分の会社ではないし、雇われているだけだから知らなくても……」


それが、大きな間違いです。

自分が仕事をする環境を知らずに、その仕事で何をなすというのでしょうか。何を目指すというのでしょうか。

自分の職場のことを知らずに、何があれば周りはあなたを必要としてくれるのか、何をもってナンバーワンだといえるのか、わかるのでしょうか。

それらの原点は、すべて会社、職場そのものにあります。

望んで入ったわけじゃない、気づいたら長く勤めていた、それでもいいのです。今の仕事で「ありがとう」を言われるためには、まずは自分から、今、毎日を過ごしている会社、職場のことを「知ること」が大切です。

❖仕事の「アタリマエ」を見つめ直そう

「知らないこと」は恐怖心を生み出します。

例えば、新入社員が、初めて出社する日、ドキドキしますよね。
なぜドキドキするのか、それは「知らない」からです。

会社を知らない。
仕事を知らない。
周囲の人を知らない。
この先どんなことが待っているのか見えない。
だからドキドキするのです。

そのドキドキを高揚ととるか、恐怖ととるかはその人次第ですが、「知らない」という事実に変わりはありません。
ですが、恐らくあなたは、出社初日の新入社員ではないと思います。このくらいのことでドキドキしていてはいけません。すべて知っている必要があります。

もちろん、知っているつもりではいけません。

「全然ドキドキしないということは、ぜんぶ知ってるってこと?」

いえ、それはもしかすると「知らない」ということを、知らないのかもしれません。

いずれにせよ、会社のことをアタリマエのこととして知っておくこと。それを知ることで、ナンバーワンの目標を見つける最初の足がかりができます。

あなたの会社の、仕事の「アタリマエ」を見つめ直してみましょう。

ナンバーワンになるためにまずすべきことを一言で言うならば、それは

「アタリマエの徹底」

です。

❖仕事のオペレーションの意味を考える

自分の職場をあらためて見つめ直したら転職したくなってきた、そんな気分になった人もいるかもしれませんが、そこはちょっと待った！　ですよ。

転職するにしても何にしても、まずはその仕事で「オンリーワン」になってからでも遅くはありません。

そもそも「人間関係がイヤ」「今の仕事にやりがいを感じない」という理由で辞める人がどんなに取り繕っても、転職先で求められるような人材になっているとは思えません。

こと転職となると、雇い主も不幸自慢をしてくるような人より、これまでの仕事を活かしたキャリアアップを考える人のほうを当然魅力的に感じます。

小さなことでもナンバーワンと自負できるようになり、「ありがとう」と言われる人になっている、「オンリーワン」になったことがあるという自信は、こういうときにも発揮されます。

自分が置かれた環境のことをあらためて見つめ直したら、次はもう少し具体的なところに注目してみましょう。

あなたの一日の仕事はどのようなオペレーションになっていますか。

業界によっては様々な解釈がありますが、オペレーションとは、広い意味で捉えると、作業手順・基本業務のことを言います。

きっちりオペレーションが決まっている仕事とそうでない仕事があるとは思いますが、どのようなところも出勤から退勤までやるべき決まった作業や業務はありますよね。

ブラインドを開けて窓を拭く、メールをチェックする、予約のお客様のための準備をする、機材の運転点検、使用道具の在庫確認、イベントに合わせた展示品や掲示物の交換等々。

では、そのオペレーションはなぜ行うのでしょうか。
そのタイミングで行う意味は何でしょうか。

やれと言われたから、しないと仕事が始められないから、以前からそう決まっていたから。きっとそうだと思います。自分で決めたというよりはあらかじめこうしなさいと言われたから実行している、と。

それ自体は悪いことではありません。人間は考えることを苦にしてしまうところがありますから、何も考えずに必要なオペレーションをこなせるようになっているのはある意味、自然な行動とも言えます。

しかし一方で、人間には意味のないことをすることを苦にしてしまう側面もあります。

意味のない習慣化された行動はあくまで「作業」の域を出ません。

「作業」とは言わばロボットでもできることです。どれだけ習慣化されていたとしても、それはあなたでなくてもできることなのです。

❖「作業」と「仕事」の違い

この頃、社屋や店舗の前だけでなく、その周辺の道路や歩道などを清掃する会社やお店をよく目にするようになりました。

例えばあなたの職場でも、

「出勤したらまず近所の掃除をする」

ということになったとしましょう。

そうすると、この段階でオペレーション、すなわち作業手順・基本業務が決定します。何時から何時までの間で、店や会社の周辺のゴミ拾いやはき掃除をする、という行動が決まります。

このとき、ただその通りに掃除をするのが「作業」です。

一方で、なぜ掃除をするのか意味を考え、誰がどのようにハッピーになるためなのかを明確にし、そのうえでよりキレイにするにはどうしたら良いか、より効率的になるかを考えるのが「仕事」です。

両者の違い、わかりますよね。

得てして、掃除や書類の提出、勤怠の連絡等、単純な業務は、「作業」になりがちです。かつての私もそうでした。ただ、こなすことだけを考えると必ずボロが出て、そのたびに叱られていました。

「汚かったらお客様がガッカリするでしょう。そのための掃除なのに早く終わらせることがイイことじゃない」

「提出期限に間に合えばイイってもんじゃない！　ギリギリに出したら処理する人に余裕がなくなるだろう。自分の都合だけで考えるな！」

「休むのは仕方ない、でもわかっていたなら一刻も早く連絡しないと、困るのは誰？　私や他のスタッフじゃない、そのとき満足なサービスを受けられなかったお客様だ」


あなたも心当たり、ありますか。

結局のところ、仕事で大事なのは
「誰のために、なぜするのか」

を考えることなのです。

そう考えれば、意味のないオペレーションなんて本当は一つも存在しないことがわかります。

❖「ルーチンワーク」はお客様に迷惑をかける元凶

添乗員時代にこんなことがありました。

私がいた旅行会社では、ツアー前日に必ず担当添乗員がお客様に電話をする、というルールがありました。グループの代表者全員に電話をするので、例えばお客様の人数が50名で、仮にすべて2名ずつのグループだとすると、25件もの電話をしなくてはなりません。これはとても時間と労力を要する仕事です。

この前日電話の目的は、当日の集合場所や時間の確認と、特に重要な持ち物や注意事項があった場合はそのアナウンスをすることです。しかしこの電話をすることによって、ただ事前確認するだけでなく、お客様は初対面の添乗員がどんな人間なのか不安に思うこともなくなりますし、添乗員もお客様の旅行気分を盛り上げ、ツアー全体のまとまりをつくる大切な機会になります。

ですから、ツアー成功のためには、どれだけ時間がかかっても、毎回しっかり電話をすることが大切でした。

あるとき、私と同じツアーに添乗する先輩から、「ねぇ、たかが前日電話でいつもそんなに盛り上がって話すことないでしょ。さっさと終わらせないと他のことできないじゃない」と言われたことがありました。その先輩の電話を聞いてみると、必要事項を淡々と述べたらさっさと切るというものでした。

しかし当日、その差は明らかになります。

私が担当するバスに乗るお客様が全員揃った頃、先輩のバスに乗るお客様はまだ3組お見えになっていませんでした。

集合時間ギリギリまで待ちましたが、結局1組はお見えになりませんでした。この場合、電話連絡をし、状況を確認するのですが、連絡先がご自宅の電話で、しかもそのお客様がすでに外に出ていた場合は直接話すことはできません。

添乗員は会社に連絡をし、お客様が来ていないことを伝えてツアーは出発します。

結局どうなったかというと、お客様は集合場所を以前参加したツアーと勘違いしていらっしゃったのです。

お客様もそのことに途中で気がついたのですが間に合わず、高速道路のサービスエリアで後から合流することになりました。当然お客様はカンカンに怒っており、その後のバス内の雰囲気は最悪。ツアー後のアンケートには、他のお客様からも叱責の言葉が書かれていました。

そう、先輩は、前日の業務を省略したことにより、当日に何倍もの時間と労力がとられることになりました。私より3年も長く添乗員の仕事をしていたのに、前日電話の「意味」を忘れてしまっていたのです。

オペレーションをただ単に作業手順・基本業務のルーチンワークだと捉え、流れに身を任せて行うことは誰にでもできます。

でも、それでは「ありがとう」がもらえないばかりか、ご紹介したようにお客様にご迷惑をおかけすることも少なくありません。
大切なのは、その作業ですら意味のあるれっきとした「仕事」であると考え、取り組むことです。そうやって自分にしかできない「本当のオペレーション」を身につけることで、「仕事」を習慣化していくのです。

「仕事」の先には「ありがとう」が待っています。
無味乾燥な「作業」を繰り返すだけでは、関わった皆がハッピーになれません。
オペレーションの意味を考え、あなただからできる「仕事」をしましょう。
それがナンバーワンの実現につながるのです。

❖モデルとなる人を見つけよう

小さな世界であってもナンバーワンになり、自称とはいえども「オンリーワン」になるためには、それなりの労力がかかることは、おわかりいただけたかと思います。

ただ、そこにたどりつくための方法をゼロから考えるとなると、かかる労力はその何倍にもなってしまいます。

ですから、やるべきことについては**「モデル」を探す**のです。

「会社を見つめなおすこと」「オペレーションを仕事と捉え考えること」についても、私がゼロから考えたものではなく、ちゃんとモデルが存在しているのです。

あなたの職場にもいませんか、「この人凄い！　カッコいい！」という人が。

簡単に言ってしまうと、その人が、あなたが目指すべきナンバーワン像です。

ただやみくもにナンバーワンになろうと思っても、具体的にどのようなことをすればいいのか、あまりにも基準がなさすぎて、イメージできないでしょう。

ですが、今目の前にいる、あなたが思うナンバーワンであるその人を目標にすることで、目標を実現するためにやるべきことが明確になります。

なお、これまで、私が目標としてきた、ナンバーワンの人たちが、もれなくできていたのが、「会社を見つめなおすこと」「オペレーションを仕事と捉え考えること」でした。

「この人凄い！　カッコいい！」と感じる人は多くの場合、自分以外の他の人たちからも人気や信頼を集めていることが多いですが、必ずしもそうである必要はありません。あなたの「この人凄い！　カッコいい！」そして真似したい、という気持ちを優先させてください。

どうでしょうか、パッと頭の中にその人の顔が浮かびますか。

その人のすべてでなくとも、部分的に「かなわないなぁ」と感じるところがある人はいましたか。

思いつかない場合は一大事です。

もうすでにあなたは「自称・ナンバーワン」です。

おめでとうございます。

――ではないですね。

普段意識してはいなくても、そのような存在が必ず一人はいると思いますので、まずは素直にその人の凄さを受け入れましょう。

私の場合、どの職場にも必ず憧れの人がいました。

そしてその人を見て、静かに闘志を燃やすのです。

「絶対この人を超えたい！」といった具合にです。

と言っても、嫉妬や恨めしそうにしながらではなく、尊敬の念を持って、心の中で勝手に宣戦布告するだけです。

この憧れの人は、〝具体的な行動や技術を模倣・学習する対象となる人物〟を表す言葉で「ロールモデル」と言います。

自分のロールモデルが見つかったら後は簡単、**徹底的にロールモデルから良い所を「パクって」いく**のです。

前章で紹介した私のナンバーワン目標、「サンリオピューロランドで『ショーのレパートリー数ナンバーワン』になる」は、これはすでにショーのレパートリーを沢山持っている先輩がいて、その様子を目の当たりにし、自分もこうなりたい、果てはこの人から「凄いな、お前」と言われたい！　と思ったことから始まりました。

それでは、ロールモデルを見つけた後に、私がやっていたことをまずは紹介しましょう。

❖ロールモデルからの学び方

まず、ロールモデルを見つけたら、とにかくじっくり観察をします。

どんなショーレパートリーを持っているのか、できる限り聞き耳を立て、どういったことを盛り込んでいるのかを繰り返し聞きます。私自身も仕事中なのでお客様に混じって見ることはできないため、最初はコッソリとでしたが、次第に休憩時間に別室から聞いたり、休みの日に遊びに来てお客様として参加したりもしました。

次は、聞いていて「お、これはいい台詞だ！」と思ったものをアレンジせずに丸パクリします。そっくりそのまま真似しているので、正真正銘の丸パクリです。

「お！」と思った台詞を何度も何度も真似していると、上手くいくものとそうでないものが出てきます。上手くいったものはひとまずそのまま使っていくのですが、そうでなかったものについてはすぐに諦めて捨ててしまうのではなく、使うタイミングや声のトーン、身振り手振り、台詞の前後で何かしているのではないか、ということを気にして、もう一度注意深く観察をします。

すると、「マイクの持ち方が違う！」「表情のつくり方ができていないから自分はウケないのか！」「そこでしゃがんで話したりもするの⁉」と、少し視野を広く持てるようになり、得られる情報が増えていきます。

それを再び丸パクる。とにかくこれの繰り返しです。

「これだと、ロールモデルにしている人の第二号が誕生するだけじゃないの？」

ですが、意外とそうはならないものです。

面白いことにこれらを繰り返していると、次第に自己流の表現ができるようになったり、ロールモデルがやっていないことを閃いたりするようになります。
ひたすらにこの積み上げをしていくことで、掲げたナンバーワン目標に近づいていくことができるのです。

このサンリオピューロランドでのナンバーワン目標が、以降の職場で実践してきた「ロールモデルを見つけ徹底的に真似する」という習慣の原点になっています。

まとめるとポイントはこの三つになります。

①ロールモデルを見つけ、観察する。
②ロールモデルの特徴を繰り返し真似る。
③自分の物にできたらオリジナルをつくる。

よく言われるオリジナリティのある発想や着眼点というものは、あくまで「ベース」があっての話です。最初から仕事にオリジナリティを求めることは、それ自体が間違いなのです。

ときどき、働き始めたばかりなのに、「マニュアルがガチガチでウザい」とか「もっと自由に働きたい」とかという人がいると思います。

ですがそれって、まだ基礎工事もできていない荒れた土地で、お城のてっぺんに飾るイルミネーションを持ってきて「これキレイだから飾りたい！　これがイイ！」とワガママを言っているのと同じこと。

できるわけがない上に、とても恥ずかしいことなんですね。

①~③の行程で気づかされたのが、①の更に前にある「会社を見つめなおすこと」「オペレーションを仕事と捉え考えること」を確実に実践することの重要性です。

舞台や映画の俳優さんだって、自分を前面に出すだけでは良い作品にはなりません。原作者や監督の思いを受け止め、役になってからの一挙手一投足に気を配るからこそ、見る人の心を打つ演技ができるのではないでしょうか。

年齢や性別、業種を問わず、あなただからできる「仕事」を確実に行うためには、しっかりとロールモデルを見据え、基礎を築き上げることがとてもとても大事なことなのです。

「もう遅い」なんてことはありません。

いつだって、ここに立ち返ることはできるのです。

そうやって「オンリーワンな仕事」を自分でつくっていくのです。

❖上司、先輩に聞くことを恐れてはいけない

「会社を見つめなおすこと」

「オペレーションを仕事と捉え考えること」

「ロールモデルを見つけ、真似することでオンリーワンの仕事をすること」

やることが明確になると、なんだかワクワクしませんか。

「会社を見つめなおすこと」「オペレーションを仕事と捉え考えること」「ロールモデルを見つけ、真似することでオンリーワンの仕事をすること」これらは、仕事を楽しいと感じ、好きになるためのプロセスです。

今の自分と少し違う、成長した自分を実感することで、自信がついていきます。ナンバーワンを目指す過程で、仕事を、自分を好きになり、今のあなたに合った目標や、

これから向かう先が、自然と見えてくるものです。

やってみよう、という気持ちが沸いてきましたか。

「自分の上司の顔を想像すると、どうやっても良いイメージが湧かない」

「今の職場ではやってもうまくいく気がしない」

もしかして、まだそんなことを考えていますか。

目を覚ましてください。

会社のことや仕事の意味について、それを教えてくれる仕組みや環境がない、教えてくれる人がいないと、自分が置かれた環境について嘆く前に、自分から動かなければ何も変わりません。

一般的に「上司が部下を何とかしよう」という取り組みは数多くありますし、その手の書籍もたくさん出版されています。

しかし、その逆は少ないと思います。

確かに上司は、会社から命を受け職責を課せられている人ですから、部下をコントロールし、仕事が円滑に進むように指導・監督する役割ではあります。

ですが、上司といえども人間は人間。

もし自分の部下や後輩から、会社や仕事のあれこれを尋ねられたら。場合によっては「おいおい、今更聞くなよ」という事はあるかもしれませんが、悪い印象は残らないと思います。

むしろ「真面目なやつだな」「面倒見てやらなきゃ」と思う人のほうが、圧倒的大多数だと思うのです。

そのようにして上司をコントロールすることで、「理想の部下」になることも、仕事の基礎を築き上げるうえで必要なことではないでしょうか。

理想の部下になっているかどうかの判断方法は非常にシンプルです。

あなたは、久しぶりに会った社外の友人に、会社や上司の愚痴ばかり言っていませんか。たまにはそれがあってもいいかもしれませんが、ちゃんと会社の、上司のイイトコロを話せますか。

背筋が寒くなる前に、行動しましょう。

知る努力をしましょう。

なかなか社長や会社の幹部と気軽に話せる環境でないのが普通でしょうから、色々自ら調べた後で上司や先輩に聞いてみてください。会社のことを、そして上司や先輩の想いを深く教えてもらってください。

「聞くは一時の恥、聞かぬは一生の恥」です。

上司や先輩に聞いてみて、もし知らなかったり、想いを語ることができていなかったら「あーあ」と思えばいいのです。

しかし、そこで終わってしまっては、今度、あなたが部下や後輩から聞かれたときに答えられなくて「あーあ」と思われる可能性もはらんでいるということを、忘れてはいけません。

そのようなときは、知っていそうな人に聞きましょう。あなたの選んだロールモデルの人ならきっと知っているはずです。

「ありがとう」と言われる仕事をするために、「知らぬは一生の恐怖」だと心してください。

第3章のまとめ

□ 自分の会社のことを知る

●会社名　●住所　●電話番号
●社長の想い　●創業者の想い
●創業年　●会社の歴史　●社名の由来
●ロゴマークの意味　●企業理念　●社訓
●コンセプト　●ミッション
●所属部署の目標、テーマ、その意味　等

□ オペレーションの意味を考える

□ すべてのオペレーションは「仕事」であることを確認する

「作業」になったら面白くない…!!

□ ナンバーワンになるためのモデルを探し、観察する

□ ロールモデルの特徴を繰り返し真似る

□ 自分のものにできたらオリジナルに進化させる

□ ここまでの内容を上司や先輩、モデルとなる人からしっかり聞き出す

第4章

お客様とのコミュニケーションは「3K」

❖相手にとって最良の情報を、最適な形で届ける

知ること、学ぶことばかりで頭でっかちになりそうですね。

そろそろ、あなたの成果を外に出していきましょう。

一番シンプルかつ、学びの成果を試すのに最もふさわしい実践、それは「コミュニケーション」です。

相手からの反応があることで、新たな気づきを得ることができ、さらなる高みへ一歩進むことができます。そして何よりも、コミュニケーションは「ありがとう」と言われる大きなきっかけになるものです。

端的に言ってしまうと、「ありがとう」をいただくのに、コミュニケーションは必要不可欠なものなんですね。

ところで、この「コミュニケーション」という言葉の指す意味をご存知でしょうか。
あらためて聞かれると困ってしまうかもしれません。

「コミュニケーション」という言葉の意味を調べてみると、
【人間が互いに意思・感情・思考を伝達し合うこと】
とあります。

つまり、声が届かない距離で手を振り合うのもコミュニケーション、メールやブログコメントのやり取りなどデジタルツールを使うこともコミュニケーション、野球でキャッチャーがピッチャーにサインで球種を決めて知らせるのもコミュニケーション、トイレに入っているのを確認するのにノックをし合うのもコミュニケーション、ということです。

「コミュニケーション」と聞いて、通常真っ先に連想されるものは〝会話〟です。

ただ、この会話一つとっても、巧みに喋ることができるだけではコミュニケーション上手と呼ぶことはできない、ということがわかります。

表情も、身振り手振りも、身だしなみまでひっくるめて、相手に発信している情報すべてがコミュニケーションであり、それらすべての結果として、相手が「話せて良かった」と思えた瞬間に「ありがとう」の一言が生まれるわけです。

こと仕事において、本当にコミュニケーションが上手な人とは、〝自分の立場や状況を理解し、相手にとって最良の情報を、最適な形で届けることができる人〟のことだと言えます。

ですから、ボキャブラリーを多くしたり会話のコツを学んだりすることももちろん大切ですが、まずは〝相手にとって最良の情報を、最適な形で届ける〟ための事前準備について確認しておきましょう。

❖身だしなみは、コミュニケーションの事前準備

事前準備とは、あなたの身だしなみです。

人は何かを判断する材料として、約8割を視覚情報に頼っていると言われます。もちろんこれはファーストコンタクトでの判断材料で、こと人間関係においては、付き合いが続いていけば、次第に視覚情報以外の個性に目を向けられるようになりますが、最初はパッと見の第一印象でしか判断しようがありません。

あなたがどれだけコミュニケーションが得意でも、コミュニケーションをとる前からマイナスの印象を持たれてしまうと、あなたの良いところや伝えたい情報に気づいてもらうまでに余計な時間がかかってしまうことになります。

ですから、私は、身だしなみを、良く見られるためにするものではなく、**「損をしないためにする」**ものと捉えています。

まずは会社で決められた身だしなみの基準がある方は、それを順守しているかどうか。また、基準がない方は、自分なりに身だしなみの方針やポリシーを持っているかどうかを確認してみましょう。

会社で決められた身だしなみの基準というのは、それが仕事において最適であろうと判断されたものです。お客様から見ても、不快感や違和感がないように練りに練られた身だしなみですから、これを勝手に変えてしまうのは、当然のことながら良くありません。

基準がない場合は、自分の仕事で相手にどんな印象を与えることが望ましいか、ということを考え、それを反映させた身だしなみであるべきです。

髪が茶色いとかピアスをしていること自体がダメなのではなく、あなたの仕事にどんな印象がふさわしいのかが最も大切です。

出だしから損をしてしまうのは、とてももったいないことです。

こうして考えてみると、身だしなみ一つとっても、これまでお話してきた「オンリーワンになるために今の自分を見つめ直すこと」「アタリマエとなる基本を磨くこと」に当てはまります。なぜ会社が茶髪やピアスを禁止しているのか、その練られた思いを知ることなく、反発だけしていては、校則を破る高校生と何ら変わりません。

この事前準備も、仕事においてコミュニケーション上手になるためには欠かせない、大きな力になるのです。

❖「コミュニケーションだから、なんとかなる」は大間違い

コミュニケーションに限った話ではありませんが、よく「当たって砕けろ」と言いますよね。会話なら会話で、上達する一番の近道はまず会話をしてみること、その結果が散々なものであってもそこから学ぶことは多い、と。

この考えには大いに賛成です。

やらずに後悔するよりやって失敗したほうがいいですし、やるかどうか悩む時間より、失敗から学んだことを次に活かす時間のほうがはるかに意味があります。

ただ、間違っていただきたくないのは、だから「なんとかなる」と思ってしまってはいけないということです。

あなたがやってきたことは、それがどのようなものでも、結果的に無駄になることはありません。でもそれがわかっているのであれば、最初から意味を持ってやったほうがより良い経験となるはずです。

「なんとかなる」は、やることをやって努力をしてきた人が、最後に自分の背中を押すときに言う台詞です。「ありがとう」が聞けるコミュニケーションは、「なんとかなる」で乗り切ることはできません。

では、どうすればベストなコミュニケーションをとることができるのでしょうか。

ここが一番知りたいポイントかと思いますが、残念ながらこればかりはマニュアル化ができないものです。

たとえ同じ人とのコミュニケーションであったとしても、その日の気分や場所、時間、天候、明日の予定等ありとあらゆる状況が異なれば、何がベストなコミュニケーションになるのかを予測することは不可能です。

そう、**コミュニケーションにトリセツはないのです。**

しかしご安心ください、トリセツはありませんが、「コツ」ならあります。

これまでのあなたの「オンリーワンになるために今の自分を見つめ直すこと」「アタリマエとなる基本を磨くこと」という努力を大いに活かし、かつ相手も自分も気持ちの良い時間を過ごすことのできるコミュニケーションの「コツ」です。

この「コツ」を、名付けて「コミュニケーションの3K」と呼んでいます。読んで字のごとく、三つの〝K〟がコミュニケーションの鍵になっています。

では、その「コツ」を一つずつマスターしていきましょう。

❖最初のK「興味」で扉を開く

仕事でコミュニケーションをとる相手で、あなたが最も神経を使う相手は「お客様」でしょう。「お客様」とは、一般的に認識されている接客業でのお客様以外でも、営業先や、定期的に訪問するクライアントといった、対外的な関係を持つ相手も、平たく言えば「お客様」です。

お客様とのコミュニケーションがうまくいかないと、関係づくりが難航したり、商品を買ってもらえなかったり、満足や納得をしてもらえなかったりと、個人にとっても会社にとっても、その成否が仕事に大きな影響を及ぼします。

ですが、満足させたい、納得させたいという気持ちが強ければ強いほど、実は失敗の方向へ向かっていってしまうのが、コミュニケーションです。

題材が何もない状態ではわかりにくいと思いますので、ここで私の体験を元に説明をしましょう。

特にコミュニケーションがお客様満足の大半を占めていたのが、ディズニーランドでのガイドの仕事でした。私が働いていた頃のガイドの仕事は、園内を一周／約3時間かけて、ディズニーランドが提供する物語を、お客様に直接語りかけながらご紹介していくことでした。

ベースとなる物語のほうはしっかりと台詞が準備されているので、覚えることができればある程度クリアできます。

問題は〝台詞のない時間〟です。

つまり、ご紹介する対象物のお話をして、次の対象物までの道すがらは、当然台詞のないフリートークの時間になります。この時間を有効に使ったコミュニケーションが、お客様の「参加してよかった！　ありがとう！」の一言につながるので、非常に重要です。

しかし、ガイドになりたての頃は、とにかく目につく施設やキャラクター、園内で販売しているポップコーンの話を詳細に語り、間をつなぐのに必死でした。

そして、それがお客様の満足につながると信じていました。

もちろん、それで喜んでくださる方もいらっしゃいましたが、ディズニーランドに非常に詳しい方だと

（あぁ、それ知ってるわ）

という心の声が表情に出ているのも、なんとなくわかるようになってきました。

当時のガイドツアーは1グループの定員が10名だったのですが、ある日担当したツアーで10名全員がツアーの大ファンで、少なく見積もっても5回以上参加したことのある方ばかりという状況が訪れました。これはいつもの定番ネタで満足いただけないことは火を見るより明らかです。

とは言え、まだまだ知識不足の不安がある私は、どんな話をすれば喜んでいただけるか見当がつかず、ハラハラしたままツアーはスタートしました。

台詞が決まっているところでは、皆さん笑顔でうなずきながら、私のガイドを聞いてくださっていました。

「これはもしかしたらお客様が話をつないでくれるのでは」

と淡い期待を抱いていたのですが、その期待はもろくも崩れ去りました。

台詞がないところでは、お客様同士で会話が盛り上がり、ガイドそっちのけで和気あいあいとされていたのです。

もちろん、それはそれで大変いいことなのですが、このままお客様とコミュニケーションがとれないままでいると、万が一の緊急事態が起こったときにガイドが主導権を握れない状況に陥ってしまいます。

何の話で入っていけばよいか、考えても考えても思いつかないまま時間が経っていきます。

そんなとき、突然口からポッと出たのが「ディズニーランドにお詳しいですね！　何回くらい遊びに来てくださっているのですか？」という質問でした。

すると、お客様は目を輝かせて「えー！　もう数え切れないくらい！　覚えてないわよー。今月だけでもう3回目だしね！」と答えてくださったのです。

そこからは、10名のお客様にまんべんなく、「お近くにお住まいなんですか？」「好きなキャラクターは何ですか？」「いつもどのようにパークでお過ごしなんですか？」

と質問しながら話しかけていくことで、コミュニケーションの輪に加わることができました。

そうです、このときまで大きな勘違いをしていたのです。ガイドであるからには、豊富な知識をお客様に提供することが「正解」だと思っていました。しかし、それではコミュニケーションにはなりません。

〝自分の立場や状況を理解し、相手にとって最良の情報を、最適な形で届けること〟つまり、ツアーに参加した目的は何なのか、どうすればお客様が「楽しかった！　参加してよかった！」と思えるか、その正解はお客様しか知らないのです。

その後のツアーでは、初参加の方でも「どちらからお越しくださったのですか？」「ショーはご覧になりましたか？」「今日は何かのお祝いで遊びに来られたのですが？」というように、**お客様に「興味」を持って接すること**を心がけました。

すると、お客様も一方的にガイドが話すより、自分のことを話す機会ができたことを喜んでくださり、また自分に興味を持ってくれるガイドを好意的に感じていただけるようになりました。

興味を持つことで実に色々なことがわかるようになります。

質問をしていくと、答えるときに表情が曇る方も中にはいらっしゃいます。初対面の人間と話すのが苦手だったり、静かに話を聞くことで楽しみたいと思っていたり、理由は人それぞれです。

しかし、それらの情報も、結局はお客様に「興味」を持ってあたらなければ、絶対にわからないことなのです。

❖「興味」でどう声掛けするか

この「興味」を持つ、という意識は、ガイドという特殊な仕事だけに当てはまるわけではありません。

販売などのシーンで、よくこういったことはありませんか。

洋服を見にお店にふらっと立ち寄った際、ショップの店員から「これ春の新作なんですよー」と声をかけられること。

恐らく、こういった声掛けが嫌でアパレルショップに入るのを躊躇したり、店員を避けるように動いたりする方が多いのではないでしょうか。

これが不愉快な理由は非常にシンプルで、「それが知りたい情報じゃない！」「冬物のセール品目当てで来たのに、強引に春の新作を買わされたらたまらない！」という、ある種の恐怖を感じるからだと思うのです。

こんなときも、お客様に興味を持っていれば最初の声掛け一つも変わってくると思います。

「いらっしゃいませ、何かお探しでいらっしゃいますか？」

そうすれば「△△が欲しくて見に来たんですけど……」という方もいれば、「あ、いえ、ちょっと見に来ただけで……」という方もいます。

ここで、前者の場合は、自分が持っている商品情報という知識を最大限に活かしてご紹介やご案内をできるチャンスですし、後者の場合は、「どうぞゆっくりとご覧ください！　色やサイズなどお困りの際はお声がけくださいね」で良いわけです。

どのようなお客様にも快適にお買い物を楽しんでいただこうと思ったら、放っておくこともサービスの一つです。

構ったほうがいいのか、放っておいたほうがいいのかも、お客様をジロジロ観察しながら「あの人はきっと話しかけても大丈夫だろう……」と、勝手に分析するより、お客様に興味を持った一言をかければ良いことです。

最初の一言は「いらっしゃいませ、こんにちわ！」だけでいいのかもしれません。それで目を背けるお客様はきっと話したくない、放っておいてほしいんだなという判断が、次第にできるようになっていきます。

コミュニケーションは、よくキャッチボールにたとえられます。

「興味」とは、こちらから一投目のボールを投げることに当たります。お客様はそのボールを受け取り、こちらへ投げ返してくれます。

返ってきたそのボールをしっかりと受け取り、もう一度投げ返すことでコミュニケーションを成立させると、お客様も再び気持ちよくボールを返してくれます。

コミュニケーションにおける大事な鍵の一つ目は、「興味」です。

ショッピングを楽しむのも、買うのも、「ありがとう」と言うのも、すべてはお客様が満足した結果です。その満足のツボはお客様にしかわからないことなのですから、こちらがまずその気持ちに歩み寄らなければなりません。

「興味」を持つこと、それが「ありがとう」と言われるコミュニケーションの扉を開く、最初の鍵なのです。

❖お客様にどうやって情報を提供するか

コミュニケーションの扉を「興味」で開いたら、次はどうしましょうか。

お客様からは予想外の言葉が返ってくるかもしれませんし、答えに戸惑ってしまう質問をぶつけられるかもしれません。

そんなときにオドオドしたり、あなた自身が嫌な思いをしないためにも、「知る」ことを準備しておくことは大切です。

何度も説明をしてきたように、商品や施設、会社について等、自分を取り巻く環境を知っておくことで、その情報はお客様の満足に直結しますし、なによりあなた自身の助けになります。

ただ、ここで注意しなくてはならないのが、知識をどのように出していくか、その匙加減とタイミングです。

沢山のことを学び、「知る」という防具を身につけて、「情報」という武器を手に入れているのは良いことですが、「ねぇねぇ、聞いて聞いて！」とばかりにベラベラ話しすぎると、そこでお客様の気持ちはサーッと引いてしまいます。

では、先ほどのアパレルショップでの例を先に進めてみましょう。

「いらっしゃいませ、何かお探しでいらっしゃいますか？」
「ワンピースが欲しくて見に来たんですけど……」

「でしたらこちらなんていかがでしょうか！　うちのブランドで定番のタイプなんですけど、今年は色も5色展開になっておりまして、お値段も少しお手頃になったんですよ。春なんで明るめの色もオススメですが、定番の黒もおさえておくと意外に上からジャケットを羽織れば秋口もいけちゃうんですよねー。あ、でも少し黒が重いということでしたら……（以下省略）」


いかがでしょうか。

そうですね、一気に買う気が失せるほどの豪速球ストレートが飛んできましたね。

これではボールを受け取りたくても怖くて手が出せませんし、何より不愉快です。

このコミュニケーションの何が問題か、わかりますか。

店員としては、ワンピースが欲しいと言っているお客様に、有用なワンピースの情報を届けているつもりなのに、なぜ不愉快だと感じるのでしょうか。

ディズニーランドでのガイド当時の失敗を例にその答えを探ってみましょう。

❖2番目のK「共感」でお客様の心に寄り添う

いつものようにツアー中のフリートークの時間、お客様に歩み寄るための情報を引き出し、そこから会話を展開させようと試みていたある時のこと。「興味」を持って話題を引き出すのに夢中になっていたことで、こんな会話になってしまいました。


「○○様、本日はどちらからお越しくださったのですか？」

「あー、茨城からです」

「ディズニーランドの来園は何回目ですか？」

「たぶん10回くらいは来ているかな」

「何かアトラクションはお楽しみになられましたか？」

「あぁ、まだ乗ってないけど……」

と続いたとき、お客様が（なんだか尋問みたいだなぁ）といった感じで苦笑いして目を伏せてしまったのです。

「興味」を持つことでコミュニケーションの突破口を見つけたことは良かったのですが、「それだけでは会話にならない」という大切な事実に、このとき初めて気づかせてもらいました。

こちらから投げた一投目のボールを、お客様が投げ返してくれたのにも関わらず、次々と新たなボールをつくっては投げ、つくっては投げ……と繰り返していると、投げ返してくれていたお客様も気づくと思います。

「こっちから投げ返したボールは全部スルーじゃないか！」

これではキャッチボールではなく、デッドボールの連続です。

この失敗をしたときに、二つめのコミュニケーションの鍵を知りました。

それは、**「興味」を持って引き出したことに対しての「共感」の表現**です。


「○○様、本日はどちらからお越しくださったのですか？」

「あー、茨城からです」

「そうですか、ではお近くですね！　車でいらしたのですか？」

「はい、朝早くに出てきましたよー」

「それはそれは、お疲れ様です！　何度かディズニーランドには遊びに来てくださってるのですか？」

「もう10回は来ているかな、子どもが生まれてから毎年来ているから」

「それは素敵ですね！　お子様も大きくなられたら、乗るアトラクションも変わってきました？」

「もうジェットコースターばっかり！　昔のほうがのんびりしたのに乗れてて良かったですよー」

「○○様はスリルライド系はあまりお得意ではないのですね。ではご家族皆様で楽しめるアトラクションをご紹介しますね……」

このようになればよかったのですよね。

投げるボールは豪速球ストレートでも、消える魔球でもいけません。受け取りやすいボールをしっかりと相手に届くように投げ、相手が投げ返してくれたら新しいボールを手に取るのではなく、返ってきたボールを使って投げ返す。

この**「興味」と「共感」のあるキャッチボールこそ、「ありがとう」を生むコミュニケーション**なのです。

「共感」とは、相手の意見や感情等をその通りだと感じ取ることですが、わかりやすく言うと「なるほど」「そうですよね」「わかります」といった表現をすることです。

コミュニケーションにこれらがあるのとないのとでは、相手に与える印象は大きく変わります。

❖「共感」をしても会話の主導権は握ることができる

先ほどのアパレルショップの例で見てみると、

「いらっしゃいませ、何かお探しでいらっしゃいますか？」

「ワンピースが欲しくて見に来たんですけど……」

となったときに、

「こちらのラインナップは明るくて丈の長さも丁度いいかと思いますが、いかがでしょうか？」

と言われるのと、

「春ですし、サラッと着られるものが欲しくなりますよね！　このラインナップは明るくて丈の長さも丁度いいかと思いますが、いかがでしょうか？」

と言われるのとでは、同じ情報であっても「質」が全然違いますよね。

前者の商品情報だけの押しつけよりも、共感が入っている後者のほうが、断然お客様がいい印象を持つはずです。

ちなみに、このとき、「どのようなワンピースをお探しですか？」と、もう一歩踏み込んだ「興味」を示して「明るい色で、丈が短すぎないもの」という情報を引き出し、それに合わせて相手にとって必要な知識だけを出すというのも一つの方法です。

仕事におけるコミュニケーションでは、自分が主導権を握らなければいけないのに、ここまで気を使って「共感」してしまうと、逆効果なのでは？——そのように思ったとしたら、それこそ逆です。

一見すると「共感」によるコミュニケーションでは、お客様が主導権を握っているように見えるかもしれませんが、強引な提案や不必要な情報の塊を提示するほうが、お客様にとって不快となり、かえって良い結果につながりません。

「興味」でお客様の思いを吐き出させてあげ、それを「共感」で受け止める。

そのほうが新しい見方や提案をすんなり受け取ることができるのです。

もしもお客様の希望されるワンピースがなかった場合、

「当店では丈の長さが短いワンピースしかご用意がないのですが、こちらのタイツと組み合わせるとあまり気にならないと思いますがいかがでしょうか？」

と事実に基づいた情報のみを言う店員よりも、

「お仕事でお使いですか？　でしたらあまり短いものは使いにくいですよね。もしよろしければ、こちらのタイツと組み合わせていただけますとあまり気にならないと思いますが、いかがでしょうか？」

と言う店員のほうが、「この人ちゃんと話を聞いているな」「こちらのことを考えて話してくれているな」と感じませんか。そして、タイツと組み合わせる提案も受け入れやすいですよね。

「共感」は相手を肯定することであり、コミュニケーションにおけるゆとりをつくるものです。**言葉だけではなく、頷くことや、体の向きを相手に向けること、相手に合わせた表情をすることも大切な「共感」**です。

「共感」をしっかり表現することで、コミュニケーションの「質」を上げ、相手にとって快適であり、あなたにとって会話をコントロールし主導権を握りやすくする会話をつくっていきましょう。

❖もしも、提案を断られてしまったら……

「興味」を持って接し「共感」をして、お客様の気持ちに寄り添う努力をしたとしても、結果的に満足してもらえなかったらどうしよう、提案を聞き入れてもらえなかったらどうしよう、そんなにうまく主導権が握れる気がしない、とおそらくあなたは、不安に思うことでしょう。

ここで私がどれだけ自分の失敗事例を出して「大丈夫ですよ」と伝えても、その不安は簡単に拭い去れるものではないと思います。

ここまでご紹介してきたコミュニケーションの「コツ」は、沢山の失敗と恥ずかしい思いをした果てに見つけたものなので、自信を持って真似して欲しいところではありますが、やはりあなたが実際に体験することで初めて本物になるものだと思います。

そこで、思い切って実践の場にあなたが踏み出せるように、最後のコミュニケーションのコツである三つめの「K」をおさえておきましょう。

では、こちらが出した提案を断られてしまった場合の例を、引き続き、アパレルショップでのコミュニケーションを例に考えてみましょう。

あなたはアパレルショップの店員です。

来店されたお客様に確実に商品を買っていただき、売上を上げるというミッションがあります。


「いらっしゃいませ、何かお探しでいらっしゃいますか?」

「ワンピースが欲しくて見に来たんですけど……」

「どのようなワンピースをお探しですか?」

「明るい色で、丈が短すぎないものが良いんですが」

「なるほど、お仕事でお使いですか？」

「そうです、仕事で使えるものが欲しくて」

「でしたらあまり短いものは使いにくいですよね。もしよろしければ、こちらのタイツと組み合わせていただけますとあまり気にならないと思いますが、いかがでしょうか？」

「あぁ可愛いですね……でもプライベートって感じですね、ちょっと短いかなぁ」

「やはりこれでも気になりますか？　もしよろしければご試着されてみてはどうでしょうか、ハンガーにかかっているよりイメージしやすいですよ」

「じゃあ試しに着てみます」

(試着してみて)

「うーん、可愛いけどやっぱり短いなぁ、ちょっとキビシイかも」


どうでしょうか。今のあなたは焦っていませんか、お客様はこのままでは買わずに帰ってしまう、なんとか次の提案をしなければ！　と。

では、頑張ってもう少し提案してみましょうか。

「そうですか、でもとってもよくお似合いですし、この春のトレンドカラーなので一枚持っておくと夏本番まで重宝しますよ！　ジャケットを羽織れば秋口も着回せるので、長くお使いいただけますし」

「あーそうですね、でも……仕事で使えないとほとんど着る機会もないし、やっぱりやめておきます」

あらら、他の使い方も頑張って提案してみましたが、やはりこのお客様のお気に召すワンピースではなかったようです。

さて、今のあなたの気持ちはいかがでしょうか。

（えーと次は……次はなんて言おう）

と必死に頭をフル回転させていますか。

それとも、

（このくらいの長さだったらあんまり短くないじゃない！）

と心の中がザワザワとさざ波立っていませんか。


少なくとも〝いい気分〟とは言い難い状況ですよね。買っていただける機会が今目の前から逃げていきそうなわけですから。

恐らく、その気持ちを反映してあなたの表情は曇っているか、残念そうか、固まっているか、いずれにせよあまり良い表情ではなくなっているでしょう。


「提案を断られたくない！」

「お客様の希望を叶えたい！」

「売上でお店に貢献したい！」

目標意識が高くある方ほど、こういうときに気持ちも表情も固まってしまうものです。その気持ちは大変理解できるのですが、これが**コミュニケーションの最後の落とし穴**になっています。

もし、先ほどのお客様にあなたのさざ波立った心や、残念そうな感情が伝わってしまったらどうでしょうか。お客様はワンピースが希望のものでなかったことを残念に思っていただけだったはずなのに、次第にあなたやお店自体に不満を募らせていきます。「もうここでの買い物はやめよう」「ワンピースがだめだったからブラウスでも見ていこうかと思ったけど、違う店にしよう」と。

❖最後のK、心からの「感謝」を表明する

私もこういった経験を、数々の販売や営業のシーンで体験しましたが、この例に一番近かったのは人材派遣会社に所属して、クレジットカードの入会促進業務を担当していたときでした。

そのクレジットカードは、年会費などの負担は一切なく、持っていただければそのカードで割引をしたり、ポイントがたまったりと、お客様にとって嬉しい特典が沢山あるものでした。

ですが、やはり提案したその場でご入会いただくのは至難の業です。

個人情報保護への不安や、その日に入会する気持ちの準備もなにもないままですから、当然といえば当然のことです。

しかし、入会していただかなければこちらの実績にならず、私のいた派遣会社は「使えない」という烙印を押され、今後ご用命いただく機会が減ってしまいますので、あっさり引き下がるわけにもいかず、大変な思いをしました。

ただ、お客様の立場になってみたら、「そりゃそうだよね」と納得のいくことばかりです。入会する気もなかったクレジットカードを突然勧められたりすれば、自分でもきっとそうするだろうという行動をとられているだけのことです。

仕事用に買おうと思っていたワンピースが、希望のものではない場合だって同じことです。

そう、この理解こそが、最後のコミュニケーションの落とし穴を回避するための大事なヒントです。

アパレルショップの例で、最終的にワンピースを購入されないことを決めたお客様を目の前にしたときに、この理解を持って接すればあなたの心は穏やかなままコミュニケーションをとることができます。

「でも……仕事で使えないとほとんど着る機会もないし、やっぱりやめておきます」

「そうですよね、お仕事されている時間のほうが多いですもんね！　わざわざ試着までしてご検討いただき、ありがとうございます！」

そうです、落ち着いた気持ちでこう言えばよいのです。

お客様としても、試着までして買わなかったことで、若干バツの悪い気持ちになっています。それをあなたが理解を示す一言を爽やかに放ったらどうでしょう。

最後まで誠心誠意対応してくれたあなたを悪く思うことなどありません。

むしろ、洋服を購入するという目的は達成されていないわけですから、「じゃあブラウスでも見ていこうかな」と別の購買行動を起こさせるきっかけになったり、「今度また来てみようかな」と継続した利用を促すことになったりします。

「この店で洋服を買おう」と思っていただけるような、お客様にとっても、あなたにとっても快適なコミュニケーションのために必要なもの——それはお客様の気持ちを理解したうえでの**「感謝」の表現**です。

❖「感謝」は「諦め」ではない

提案を断られること、お客様の希望を叶えられないことを怖がってはいけません。怖がっていてはあなたの気持ちも表情も固まってしまい、行き着く結果は良いものにはならないでしょう。

なぜなら、コミュニケーションは会話だけではなく、あなたの全身から発されているる表情や声のトーン、身振り手振りといった五感で感じるすべての情報で成り立っているからです。あなたの恐れや不安は、お客様に大きな不安や不快感を与えてしまうのです。

お客様に「興味」を持って歩み寄り、「共感」しながらコミュニケーションをコントロールしたら、最後はあなたから「感謝」の気持ちを表現してください。

「感謝」の一言は「諦め」ではありません。

あなたの仕事や会社はこの一度のコミュニケーションですべてが終わってしまうわけではありません。これからも続いていきます。だから諦めるのではなく、次にしっかりと「つなぐ」こと、これが「感謝」の表現です。

余談ですが、クレジットカードの入会促進でお客様にお声がけした際、様々な理由で入会されなかったお客様から、よくこんなお言葉を頂戴していました。

「ごめんなさいね、カードは入会できないけどあなたみたいな人がいてくれるなら、カードがなくたって私は必ずこの店で買い物するから！　お話できて楽しかったし、嬉しかったわ！」と。

クレジットカードの入会を勧めるために声をかけただけなのに、です。

この本を手にとってくれたあなたが、お客様からそのように言われるような楽しい仕事をしていただきたい、心からと願っています。

❖「感謝」とは「次につなぐ一手」

「とは言え、売上や販売目標に反映されてこなければ意味がない……」

と思われる方もいるでしょう。キレイゴトでは済まされない現実がありますよね。

ではたとえを変えて、アパレルショップではなく、レストランを例に考えてみましょう。

当日の仕入れ状況や、食品の期限を考え、その日のおすすめメニューを決めてお客様に紹介することがあるかと思います。お店の都合を考えれば当然のことと思えますが、お客様からしてみるとどうでしょうか。必ずしもそれが食べたいものや、好物であるわけではありません。

でも強く勧められると断りきれなくて、結局注文して「あー違うのにすればよかったな」と思わせてしまうこともあるはずです。

お客様にお店のオススメや、イチオシ商品を紹介することは間違っていません。そうやってお客様新たな発見をしてもらうことや、提案を通じてお客様のニーズを聞き出すきっかけになったりもしますから、とても大事なことです。

しかし、その瞬間は注文してくれたとしても、お客様の心に（なんだかなぁ……）

という気持ちを植え付けてしまうことになると、「その日」はよくても「次回」がなくなるかもしれない、という危険をはらんでいます。

繰り返しになりますが、3Kの最後である**「感謝」は、諦めることではなく「次につなぐ一手」**です。

人の記憶とは非常に儚いもので、永遠にすべてのことを覚えていることはできません。しかし、その中でも、最も印象に残ると言われているのが、最初と最後。

つまり、ビジネスシーンに置き換えてみると、**最もお客様の印象に残るのは「第一印象」と「別れ際」**ということです。

だからこそ、脅迫に近いオススメをしたり、お客様の気持ちを無視して売上を優先させるような行動ばかりをとり続けたりしていると、結果的にお客様が離れていくという事態を招いてしまうのです。

売上や販売目標を大切にするからこそ、「3K」が必要なのです。

あなたにとって、会社にとって大切なお客様とコミュニケーションをするとき、どうか、この三つの鍵を忘れないでください。

第4章のまとめ

☐ 自社の身だしなみの基準を確認し、順守する

☐ 基準がなければ相手にどんな印象を与えることが望ましいか考え、それを反映させた身だしなみを順守する

☐ お客様に興味を持ちコミュニケーションをとる

☐ 興味を持って引き出した情報に共感を表現する

☐ お客様の気持ちを理解して、感謝の気持ちを表明する

☐ 売上・販売目標を大切に考えるからこそ、コミュニケーションには、興味・共感・感謝の「3K」が必要であることを確認する

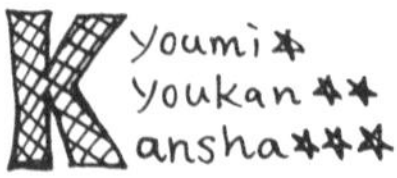

第5章

仕事の情報をストックする

❖現場でのコミュニケーションがうまくいかない理由

コミュニケーションのコツ、「3K」は、とにかく実践してこそ意味があります。お客様から「ありがとう」をいただくことを目標に、どんどん使っていきましょう。

一方で、最初のうちは、使ってみたらとんとん拍子にうまくいく、ということはそれほど多くはないと思います。

おそらく、その理由ははっきりしていて、仕事におけるコミュニケーションがうまくいかない、あまり得意でないという人の多くは「情報」が足りないからです。

すでに3章でも触れましたが、人は知らないことを恐怖に感じます。

例えば、お客様にこちらから声をかけたところ、相手から予想外の答えが返ってきた。そのようなとき、どうしたらいいのかわからなくなってしまう。

お客様から、聞き返されたり、詳細な説明を求められたりしたときに、「えーっとですね……」と固まってしまう。

なぜ、こうなってしまうかというと、答えは単純で**「知らないから」**です。

どのように答えたらよいか、想定していなかった。

具体的な商品やサービスの内容、詳細な情報を把握していなかった。

いろいろな表現のしかたはありますが、つまるところ「知らない」から、答えられないし、かたまってしまうのです。

しかも、悪いことに一度、このような経験をしてしまうと、それが足かせになって、コミュニケーションがより「怖いもの」になってしまいます。

すでに述べたように、会社のことや自分自身のこと、その周りのことを知っているということは、「オンリーワン」になるための一歩でもありますが、同時にコミュニケーションをよりよいものにするうえで欠かせない要素でもあります。

コミュニケーションをするうえで、こちらが何も情報を持っていない状態というのは、武器も防具も身につけず、敵陣に乗り込むのと同じです。

例えば、あなたが、サッカー選手にインタビューをしに行くのに、サッカーのルールをまるで知らない、その選手の経歴やチーム内の他の選手や監督のことも把握していない、一度も試合を見たことのない状態で臨むなんて、「無謀」の一言に尽きませんか。言うなればそれと同じことです。

そのような状態で「なんとかなる」ということは絶対にありません。

「なんとかなる」というのは、ある程度の武器と防具を身につけ、「よし、大丈夫だ」と思えて、初めて「なんとかなるぞ」と自分を奮い立たせるためのものなのです。

それでも100%うまくいくことはありません。なぜならコミュニケーションにトリセツはないからです。あなたが用意をした武器や防具が必ずしも正解であるとは限らないでしょう。

しかし、不正解でも、何が足りなかったのかがわかります。次に何をしておいたらよいのか、よりベストに近づけるためにどうすればよいのかが発見できます。

何の武器も準備せず、防具を身につけずに挑んでしまったら、どのアイテムがマズかったのか、次は何を身につけておけばいいのかもわかりません。反省のしようもないし、次へのヒントも何も残らないのです。

❖コミュニケーションのトリセツのつくり方

「会社のことや、商品のことを知るために努力をするといっても、そんな勉強する時間なんてない……」

でも、学生時代は、テストで良い点をとるために寝る時間もゲームをする時間も削って勉強に充てていませんでしたか（たとえ試験の直前期だけだったとしても）。

それが、社会人になった途端、プライベートで、仕事のための学びの時間をとることを「損」だと感じてしまうのはなぜでしょうか。

仕事のための学びの時間をとることもなく、「ありがとう」と言われて、楽しく仕事をしたいというのは、星に願いをかけるより実現の可能性が低いことだと思います。

もちろん、友人とおしゃべりする時間や、家族と旅行をする時間が無駄なのではありません。それはそれはかけがえのない大切な時間です。ただ、そんな時間を過ごすあなたも、会社へ行って仕事をしているあなたも、すべてあなた自身なのです。

家に仕事を持ち帰って、ずっとパソコンをカタカタするようなものではなく、会社から強制されるものではない自主的な学びの時間は、決して「損」ではありません。

私自身を例に説明すると、ジェラートショップに勤めていたときは、他店舗に行くことはもちろん、他社のジェラートショップに行き、オペレーションやサービスを観察してみたり、自社の経営しているレストランなどの他業態に行き、どんな演出や思いが表現されているのかを体験しに行きました。加えて、単語レベルですがイタリア語を勉強したり、ジェラートに使われるリキュールなどについても、お客様から質問されても万全でいられるように勉強しました。

ディズニーランドに勤めていたときは、勤務中にパーク内を観察する時間はありましたが、それでも繁忙期はそんな時間はありませんし、何よりコスチュームを着ていては入れないところや、ポップコーンを食べてみることはできないので、ゲストとして何度も足を運び、すべての施設に入り、すべてのショーを鑑賞し、自宅ではキャラクター図鑑を買ってきて暇を見つけて名前を覚えるようにしていました。また、耳の不自由な方にもツアーをお楽しみいただけるように、独学で手話を勉強しました。

添乗員をしていたときは、ほぼ休みがないような状態だったので、旅行に行ったりすることはできませんでしたが、ツアー中の宿泊先でテレビの旅番組を見たり、可能な限り、仕事で行った先でパンフレットをもらったり、現地の方と話をしたりして、情報収集を行い、行ったことのない観光地のことは、スキマ時間をうまく使ってインターネットや雑誌から情報を得るようにしていました。

派遣会社在籍時には、クレジットカード発券業務の担当であるにも関わらず、クレジットカードを持ったことがなかったので、必要なカードに入会し、更にはカード入会の手続きを行っているカウンターで様々なカードをオススメされてみて、どんな話法があるのか、何と言われるとお客様の納得を得られるのか、その気持ちを理解しようと努めました。

いかがでしょうか。

「自主的な学びの時間を持つ」と言われると、なんだか大層なことを想像してしまいがちですが、意外と「普通」のことをしていたように思いませんか。
そして、私がプライベートな時間で「損」をしていたように感じましたか。
「損」なんかではなく、仕事をするうえでプラスに働いたことばかりでした。
もちろん、休日をダラダラ鬱々《うつうつ》と過ごしていたときもありましたが、これらの「知る」という行動をしていたほうが、
理想とする「オンリーワン」に近づき、
円滑なコミュニケーションを図るための武器や防具を手に入れ、
その果てに「ありがとう」を言われる自分になっていき、
結果的にプライベートで友人と会ったときに愚痴大会にならず、
気分よく大いに遊ぶことができ、
人生全体がじんわり充実してくると感じていました。
「ありがとう」と言われること、「ありがとう」に向かっていく努力は、想像以上の

パワーを与えてくれます。

それだけ「ありがとう」と言われることには価値があるのです。

なお、そのパワーを最大限発揮するために「好きなことを仕事にしよう」ということであれば、大賛成です。好きであればプライベートの時間を使っても十分楽しめますから、無意識のうちに、人より多くの学びの時間をつくることができるでしょう。


このように、あなたが学んだことから得た様々な「情報」は、「ありがとう」をいただくうえでの貴重な財産になります。ですが、この財産はあまりストックしておくことはできません。

なぜなら、人間は忘れてしまう生き物だからです。


そこで、厳密には「ありがとう」と言われるためのトリセツではありませんが、よりよいコミュニケーションを行うためのトリセツのつくり方をご紹介しましょう。

その方法が、**「メモる」**ことです。

❖メモによって情報・自信・努力の証がストックできる

お客様とコミュニケーションをとっていくなかで、「ありがとう」「助かったよ」「あなたがいてよかった」と言われることで、これまでの努力や費やした時間は、あなたにとってかけがえのない財産に変わっていきます。その瞬間のために、すべてがあると言ってもいいくらいですね。

しかし、その喜びという感情ですら人間は忘れてしまいます。何かの拍子や、似たような体験をしたときにポッと思い出すことはあるでしょうが、よほどインパクトのある事柄でない限りは、記憶の彼方へ消えていきます。

これは反対のケースも同様で、お客様とのコミュニケーションの結果が思わしくなかった、いいリアクションがもらえなかった、怒られた、悲しかったというとき、その瞬間は落ち込んだりショックを受けたりして「もう立ち直れない」と感じますが、たいていは、そんなことにはなりません。

人間の自己防衛本能である「忘れる」が働くのですね。

感情は一度燃焼すると、燃えてしまい後には残りません。それ自体は自然なことで、なんら問題ではありません。

ここで大切なのは〝感情が燃焼したそのときに何があったか〟ということまで一緒に燃やしてしまわないことです。

喜ばしい出来事であっても、落ち込むような言葉であっても、何があってどうしたのかを、自分の仕事の足跡として書き残しておくことが重要です。

本書で繰り返し述べている「オンリーワンになろう」ということ。あらためて確認しておきましょう。

たとえどんな小さなことでも何かでナンバーワンになるという目標を掲げ、そこに向かうことで自分に自信をつけ、堂々とお客様とコミュニケーションができ、「ありがとう」と言われる自分をつくっていく、その過程で得られる成果が「オンリーワン」になるということです。


ときには「どれだけ頑張っても周りが認めてくれない」と塞ぎ込み、落ち込んでしまうこともあるかもしれません。

評価は他人がするもの。それは間違いではありません。

しかし、他人の評価を必要以上に期待してはいけないのです。

他人ではなく、自分で自分に期待をするのです。自分を信じ、「オンリーワン」になる努力をしている先には、必ず「ありがとう」の結果が待っています。

だから残していただきたいのです。
自分自身の努力の証を。

会社について調べたことや、上司・先輩から聞いた話、自主的な学習の時間に学んだこと、気づいたこと、やってみたいこと、お客様とのコミュニケーションであったエピソード、何が成功の要因で失敗の原因だったか、そのすべてを書き残すのです。

書き残すことで、そこには確かに自分の積み上げてきた努力の結晶が「見える化」され、確かに存在していることを自覚することができます。そうなれば、他人の評価を必要以上に期待するのではなく、目の前の努力の証を見て、自分で自分を認めてあげることができます。

努力の証を一時の感情と一緒に燃やしてしまうのはもったいないのです。

何の努力や考えもせずに「なんとかなる」と思うのは間違いだと繰り返し述べましたが、その一方で、ここまでのプロセスをきちんと踏んできたのであれば、ある種の開き直りもとても大切だと思います。

仮に今回はうまくいかなかったとしても、これらは自分の努力の証であり、自分だけの財産だと思えるものがあれば、また、前向きに仕事に取り組むことができます。そのために、書き残すことを習慣化しましょう。

気持ちのよい「ありがとう」という結果でも、胸に突き刺さる体験でも、一喜一憂するのではなく、「書き残しておくことが増えた！」と気持ちをうまくコントロールできれば、一時の感情ですら楽しむことができます。

もちろん、これらは私自身が実践してきたことでもあります。

実際に、前章でお話した「コミュニケーションの３Ｋ」をまとめるに至る過程で一番参考にしたのは、販売のシーンではなく、ディズニーランドでのガイドの仕事をしているときのことだったわけですが、書き残すことを習慣化するきっかけとなったのも、「情報がすべて」というシーンでの出来事でした。

❖メモはなかなか続かない

せっかくですので、私が「メモる」ことの重要性に気づくことができたきっかけをお話ししましょう。

私がガイドだった当時は、ツアーだけでなく、インフォメーションスタッフとしての仕事もガイドがしていました。これは、デパートにあるインフォメーションブースを想像していただくとイメージが湧きやすいかと思いますが、つまり、ある一定の場所から動かずに、館内のどこに何があって、どのように行けばたどり着くのか、目印は何であるかを口頭で伝える仕事です。

広いディズニーランド内のどこにトイレがあって、どのショップでどんなお土産が販売されていて、どのアトラクションに行くにはどんなルートを通るのがわかりやすく最短で行けるのかを、園内地図と口頭だけでご案内する仕事です。

その仕事をする頃にはガイドの仕事も数年経験していましたし、大抵のことは答えられると高をくくっていました。

しかし結果は散々でした。見えない場所について、知らない人にわかりやすくイメージできるようにお話するのは難しく、自分の思っていた目印が方向によっては見えなかったり、時間帯によって通行止めになる道を誤って伝えてしまったり……。

そんなことを繰り返していると次第に、自分の回答に自信がないときは「〜だと思います」「たぶん〜です」のように、煮え切らない表現に逃げるようになっていました。

パークを効率よく回りたい、時間を短縮したいという思いから、お客様は私たちインフォメーションスタッフに頼ってくださっているのに、言い切りでない助言をするというのは致命傷ですし、お客様に大変残念な思いをさせることになります。

これは当然、「ありがとう」がもらえる絶好の機会を自分から手放してしまっていることに他なりません。

前章でお話した、コミュニケーションの3Kの「興味」でお客様の情報を引き出すことも大切ですが、その前にまずは自分が、お客様に提供できる精度の高い情報を仕入れておくことの重要性を痛感しました。

しかし、膨大な知識量が必要とされますので、滅多に質問されないことや、ツアーでは通らない場所のことは時間が経過すると忘れてしまうものです。

そこで、調べたことや足で稼いだ情報を「メモる」ことで、自分のアイテムにしようと考えたのです。

あまりにも当たり前といえば当たり前のきっかけを通じて、「メモる」ことを考えたわけですが、これには相当な覚悟が必要でした。

なぜなら、**続かないから**です。

今までも何度か専用ノートをつくってみたり、机の上に出していつでも目につくようにしてみたりしたのですが、中途半端な決心と、「メモる」ことへの明確なルールのなさによって何度も何度も挫折をしてきました。

それらの挫折と失敗の上にできあがった、世界に一つの最大の武器である「メモ」のとり方のポイントを説明しましょう。

❖メモを続けるための三つのポイント

私自身がメモをとるのは、忘れやすい自分の記憶力をフォローするため、ということもあったのですが、大きな理由は二つです。

一つは完璧主義だったため、良い結果だったときは飛び上がるほど喜び、思わしくない結果だったときは地の底まで落ち込むという性格だったこと。

もう一つは先ほどご紹介したインフォメーションスタッフの例にもあるように、職場での仕事が1年程経過し、ある程度のことができるようになってちょっと調子に乗ってくると、だいたい次に失敗するという経験が多かったため、です。

仕事の目標が「完璧であること」になってしまうと、うまくいかなかったときに大きなダメージを受けやすく、次にトライするまでに時間がかかってしまいます。

そのため、「完璧に行うこと」を目標にするのではなく、「自分でつくるメモに貴重な体験を積み上げること」を目標にすることで、一時の感情で心が折れてしまうことが少なくなります。

そしてそのメモは、単に情報をまとめておくだけのアイテムとしての役割ではなく、仕事における慣れによって忘れてしまいがちな「初心」を思い出させてくれるツールにもなります。

「初心」というのは、別に毎日ドキドキワクワクすることではありません。「自分が1000回話したことでも、お客様にとっては1回目だ」というように、慣れによる惰性のない、まっさらな状態でいることです。

常に、新しいこととして受け止めることができれば、うまくいったときに必要以上に調子に乗って、自信過剰になることもなくなります。


何かを成し遂げようとする過程では、情熱的に取り組んだほうがいいのは間違いありません。しかし、結果を見つめるときには、いかにニュートラルな状態でいられるかが重要で、そのようなとき「メモる」という方法はオススメなのです。

具体的なメモのとり方のポイントは次の三つです。

①メモは丁寧にしすぎない

②最初のページに自分の目標や会社のコンセプトを書いておく
③最も信頼する人に見せる、もしくは話す

順に見ていきましょう。

❖①メモは丁寧にしすぎない

折角大事なことをメモるんだしと、ちょっと高価でキレイなノートを買ってきて、失敗が怖くて一文字目を書き込むのに躊躇してしまう。こんなに残念なことないですよね（もちろん、私自身経験済みです）。

ある程度のこだわりはあってもいいと思いますが、最初から気合を入れすぎると、反対に、ノートを買ったことによる満足が先行してしまって、動けなくなってしまいます。

私が今まで一番続いたパターンは、何のデザインもない普通のリングノートの表紙に好きなステッカーを貼ったものでした。手軽に用意できるのに、自分のものという特別感も沸いて、愛用することができました。

また、書くものにこだわり過ぎてしまうのもオススメできません。

「良かったことは青ペンで、ダメだったことは赤ペンで、追記したときは緑ペン、特に重要なときは黄色のラインマークで目立たせて……」

ルールが多すぎると、そのペンを紛失したり、ペンが出なくなったりというこれまたガッカリな理由で中断を余儀なくされます。

原則黒ボールペンオンリーで、注書きに赤ボールペン、たまに必要になる見出しや仕切り用に蛍光ペンが一色で十分です。

大事なのは書き残すことです。最初は色々と気になるかもしれませんが、書いてあるページが2ページ、5ページ、10ページと増えていくと、それだけで嬉しくなるものです。考えすぎず、すぐスタートできるようにしましょう。

❖②最初のページに自分の目標や会社のコンセプトを書いておく

あなたが立てたナンバーワンになるための目標や、調べた会社の概要・コンセプト等は最初の1ページ目にどーんと書いておきましょう。

これがないとメモをとる意義がブレてしまい、やがて「愚痴日記」になっていってしまいます。これでは振り返って読んだときに得られるものがなにもありません。このメモは何度ころんでも踏んばってきたあなたの努力の証になっていくものです。

だからこそ、忘れてはいけないメモの存在意義として、1ページ目のいつでも見返せるところに書いておきましょう。

それだけで「初心」を取り戻すきっかけになります。

❖③最も信頼する人に見せる、もしくは話す

何かを続けようというときは、コソコソ隠れて始めるよりも、人前で堂々と宣言して、自分を逃げられないようにすると続けられる、ということを聞いたことがありませんか。

ダイエットがいい例ですね。

コッソリよりも、オープンにしていたほうが、食べ過ぎや運動不足を指摘されないように律していこうという気持ちにもなりやすいですし、周りから「ダイエット中って言ってたでしょ、野菜中心に食べられるところでご飯にしようか」と協力を得やすいというメリットもあります。

ただ、メモに関しては、ここまでおおっぴらに宣言する必要はありません。悲しいかな、人の頑張りを潰しにかかろうとする人がいたり、嫉妬心を抱く人がいたりして、人間関係がややこしくなることがよくあるので、基本的には自分自身のこととして、このメモの存在をとどめておいていいでしょう。

ただし、あなたの最も信頼する人には伝えておくことをオススメします。やはりコッソリでは続ける気持ちが弱まってしまうということと、何よりもストレートに自分の頑張りを褒めてくれる人がいると、とても心強いものです。

伝える人とタイミングはよく選びましょう。始める前に伝えてしまってもいいし、数ページ書き進めた後で「実は最近ね」と公開してもいいでしょう。

自分の文字を人に見せるのが嫌ならば、見せずとも話すだけで結構です。これは私の個人的な考えですが、記憶する最大のコツは「人に話して聞かせること」

だと思います。

メモそのもののことだけでなく、メモに書いた中身について、「こんなことがあった」「こんな勉強をした」と人に話すためには、情報を一度整理し、話を組み立て、わかるように伝えるというプロセスが発生しますので、人に話して聞かせることで、メモによる記録にとどまらず、情報が記憶としてよりインプットされていくのです。

話す相手は、あなたの仕事の頑張りを茶化したり、興味なさそうにする人ではなく、「凄いね！」「頑張ってるね！」という言葉をかけてくれそうな人がいいですね。

どれだけ頑張って学びの時間をとっても、知識を蓄えても、何もしなければ、人間は1カ月後に約80％以上のことを忘れてしまうそうです。

だから、メモをとりましょう。それはどこでも手に入れることのできない、あなただけの財産であり最強の武器になるのです。

❖メモはあなたを裏切らない

メモることは、正直いうと面倒なことも多々あります。そもそも時間がとられますし、自分の字を見てゲンナリすることもありますし、手間以外何ものでもない、という気分になりがちです。

ですが一方で、このメモは積み重なっていくととても嬉しいものです。

新しく仕入れた情報はもちろんのこと、お客様とのコミュニケーションでこんなことがあった、次はこんな風に言ってみよう、先輩がこんなことを話してくれた、それを聞いた自分の素直な想い、今度やってみたいと閃いたアイデア、ＴＶや雑誌で見かけたためになりそうなこと、それらを羅列しているだけのノートですが、数ページを超えてくると「あぁ、私やってるなぁ！」と感じられます。

その実感があるだけで、何もせずに日々を繰り返すよりも堂々としていられますし、自信が出てきます。

自信は、「自分」を「信じる」と書きます。

自分を信じられる根拠となるノートは、誰にも、どこでも手に入れることのできない、あなただけのものです。

まずは1カ月だけ、と決めてやってみましょう。

いつまでも、だと先が見えなくて逃げ出したくなりますから、期間を決めてやってみる。まず、1カ月続いたら2カ月。2カ月続いたら3カ月。そうやってみると、1年続けられるはずです。

あなたの努力は、あなたを裏切りません。

その努力を、目に見える自信として形に残しておきましょう。

第5章のまとめ

- [ ] コミュニケーションの3Kを実践するために、情報を身につける

- [ ] 情報を身につけるための自主的な学びの時間をとる
- [ ] 情報をストックするためにメモをとる
  - 会社について調べたこと
  - 上司・先輩から聞いた話
  - 自主的な学習の時間に学んだこと、気づいたこと、やってみたいこと
  - お客様とのコミュニケーションであったエピソード
  - 成功の要因
  - 失敗の原因　等

- [ ] メモは丁寧にしすぎない
- [ ] ノートや書くものにこだわらない
- [ ] 最初のページに自分の目標や会社のコンセプトを書いておく

- [ ] 最も信頼する人に見せる、もしくは話す
- [ ] まずは1カ月やってみる、続いたらもう1カ月

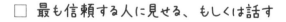

第6章

自信のつくり方

❖できることを即実行に移す

ここまで、お客様に「ありがとう」と言っていただけるために必要なことをお話ししてきました。

よし、やるぞ、という気持ちを強く持っていただけたら、とても嬉しいです。

しかし、残念ながらその気持ちは、長くは続かないのです。

現在の私は、研修や講演、コンサルティングの仕事を行っていますが、研修や講演は、本と同じように、言わば〝ドーピング〟のようなものです。

参加し、講義を聞いた直後はやる気がみなぎり、空をも飛べるようなパワーを感じるのですが、長くても1カ月、通常1週間もすれば、その気持ちをスカッと忘れてしまいます。

理由はいろいろありますが、一番大きな原因は、周りの環境が変わらないことにあるのではないでしょうか。

会社単位や部署単位、店単位で全員一斉に受講していればまだしも、一般的に研修や講演に参加するとなると、一人もしくは多くても数名で行ってくるのが普通です。そこでテンションが上がった人たちが職場に戻っても、その人たちは少数派。待っているのは、いつもと変わらない温度の多数派の人たちです。

そうすると、少数派は、自然と多数派になじんでいきます。研修や講演で「ヨッシャー！」となったやる気も、「そんなこともあったね」と、過去のものになり、結局、行く前と何も変わらない状態に戻ってしまうのです。

ではそのようにならないように、学びの効果を最大限利用するにはどうすべきなのでしょうか。

答えはとてもシンプルです。

何か一つでもいいから即実行に移すことです。

「コレはっ！」と思ったことを形にする、職場の人に話す、自分ノートにメモる等、自分の内側だけに溜め込まずに、表に出すというアクションを起こすのです。

では、即実行に移せるものとのは、何でしょうか。

答えはおのずと明確で、**即実行に移せるものとは、基礎的なことやアタリマエのこと**になります。

販売のノウハウやコミュニケーションの方法にしても、モチベーションにしても、結局のところ基礎となる会社のコンセプトや、販売する商品のことを知らなければ、いつまでたっても自分のものにはなりません。

コミュニケーションの「3K」にせよ、土台となる会社のコンセプトへの理解や、商品知識があるからこそ、説得力を持って、お客様の心に響きます。そうしたものが抜け落ちていれば、いくらテクニックを学んでも、うわべだけのものになってしまいます。

その結果、一度の失敗で、嫌になってしまったり、やめたくなってしまいます。

基礎であり、アタリマエである知るべきことを知り、おさえるべきポイントをおさえたうえで、自分の仕事に臨んでください。

そうすると自信が生まれます。

「私の仕事で現場がスムーズにまわる」
「私の仕事でお客様が本当に良い物を買い求めることができる」
「私の仕事で楽しい空間と時間を提供できる」
「私の仕事でまた体験したいと思われるような思い出をつくることができる」

その自信があってこそ、行動に責任が芽生え、求められる喜びが生まれ、「ありがとう」と言われる自分に近づき、仕事を楽しめるようになります。

自信という言葉は、「プロ意識」と言い換えてもいいでしょう。


どんな場面でも、お客様が安心感を覚え、信頼を寄せる人は、その仕事におけるプロ意識の高い人です。

そして、お客様が欲しいと思っているところへ的確に情報が提供できたり、お客様を気づかう声掛けができたりする人たちは共通して、皆、自分の仕事に責任を持って、前向きに取り組んでいます。自分の仕事に責任を持ち、前向きに取り組んでいるから、そうしたことができるようになっていると言ってもいいでしょう。


自分の仕事は素晴らしい。

誰よりもまずあなた自身がそう思ってください。

❖自信を失わない体験の積み方

ここまでの内容を、「とりあえずやってみよう!」といきなり現場で使ってみる——その姿勢は大変いいことだと思いますが、実践していきなりすべてがものになるわけではないということも覚えておきましょう。

例えばコミュニケーションの「3K」を、いきなり現場で、即実践と言われても、実はそれって特に経験の浅い人にとってはすごく難しいことです。

人によっては、難しいだけではなく、思い詰めたり、精神的にまいってしまったりすることもあります。

ではどうすればよいのか——そのポイントをご紹介しましょう。

一つは、**「体験をする」**ということ。

接客業や営業職等では〝ロールプレイング〟というトレーニング方法を用いることがあります。トレーナーと新人がスタッフ役とお客様役に分かれて、実践さながらのシミュレーションを行います。

このロールプレイングをするとき、多くの場合、トレーナーがお客様役で、学ぶ側がスタッフ役を任されて練習しますが、実はこれが大きな間違いです。

学ぶほうはどんな状況でどのように対応すればよいのか、その正解が掴めていないから学ぶわけです。なのに、いきなりスタッフ役を任せてしまっては早々に心が折れてしまうでしょう。

教える側としては、失敗してもいいからまずはトライしてみて欲しい、間違えるのは当たり前だという心持ちでいたとしても、学ぶほうはそうは思いません。失敗しないように、トレーナーから褒められるように頑張ろうとするのです。

当然、失敗します。そして、自信を失ってしまうのです。

ですからまずは、トレーナーがスタッフ役をやり、学ぶほうがお客様役になることが大切です。トレーナーのやり方をパクる機会をつくるのです。お手本を見て、やり方をイメージするほうが、はるかに学びとして充実したものになります。

最初はトレーナーの言ったことを真似するだけでもかまいません。真似することから基礎をつくり、現場で自分のオリジナルをつくっていけばいいのです。

このように商品販売のハウツーやコミュニケーションのとり方を知ること、真似から学ぶことは、甘えではありません。

むしろそのやり方のほうが、いざ実戦デビューというときに、たとえ失敗したとしても、そこで挫折することなく、チャレンジし続けられるのです。

ぜひ、機会を見つけてお客様役になって、できる人のスキルを体験してみてください。

そして、もう一つのポイントは、**「成功体験を積む」**ことです。

仕事や環境にある程度慣れた人間は、失敗があったほうがその後の成長に大きな一歩を踏み出せるようになるのですが、経験が浅い人の場合は逆です。

どんなに基本的なことであっても、「私でもちゃんとできる」という小さな自信の積み上げが、独り立ちの近道です。

接客業界に多いのですが、人を採用するイコール、人が足りないという現状のため、一刻も早くトレーナーの手を離して〝スタッフの一人〟とカウントしたいので、ざっと教えたら後は自分でゴー。


「何か困ったことがあったら周りの人にどんどん聞いてね！」


しかし、これは親切に見せかけた、悪魔の一言。

困ってから、失敗してからでは遅いのです。

手もかかるし、時間もかかるかもしれませんが、教える側が、基本的な業務をマスターするまでは、しっかりと目の前で成功体験を積ませてあげ、それをしっかりと見て、褒めてあげてから、ステップアップした仕事を徐々に与えていくべきです。「手間も時間もかかる」ということを焦らずに、あたり前のこととして捉えておくことで、教える側はもちろん、教わる側も着実に成長していくことができるのです。

教わる側が教育のやり方について改善の提案をするのは、簡単ではないかもしれませんが、こうしたことをぜひ、頭に入れてほしいと思います。

❖思いを強く持とう

「好きこそものの上手なれ」という言葉があります。これは、どんなことであっても人は好きなものに対しては熱心に努力するので、上達が早いということです。

そういった意味で好きなことが仕事になっているのは、それだけで努力ができ、積み上げていくものの量や数が多くなるという強みがあります。

今の仕事が好きであるに越したことはありません。

しかし、そうでなければ成立しないのかというと、もちろんそれは違います。

仕事内容よりも、自社の社長の思いが好きだとか、尊敬できる先輩と仕事できることが好きだとか、同僚と共に切磋琢磨できる状況が好きだとか、自社の提供する商品やサービスが誇れるとか、お客様と出会えることが楽しいとか。

それが好きだと言える何かがあるだけで、大きな強みになります。


すべてを否定的に、悲観的に捉えてしまっては前進がありません。そういった好きを発見し、認識し、再確認する意味でも、これまでお話してきた「知る」ということはすべての原点になります。

「そうかもしれないけど、モチベーションが湧かないんです」

最近はモチベーションという言葉が、一時の気分や、ノリのような意味合いで使われることが多い気がします。

モチベーションとはそんなに簡単に、上げたり下げたり、切ったり貼ったりできるものではありません。

モチベーションとは、広い意味で言えば「やる気」ですが、私は「信念」や「思いの強さ」のことだと思っています。

目指すべきゴールがあることでやりがいは生まれ、やる気が湧き、今の自分を越えて「ありがとう」を言われる仕事ができる。その「ありがとう」がまたやる気の源になる、そういうものではないでしょうか。つまり、**モチベーションの高い人とは、「思いを強く持っている人」**です。

モチベーション高くことにあたり、「ありがとう」がもらえる充実した仕事を実感できるのは、確かに簡単ではありません。ですが、ここまでお伝えしてきた通り、「ありがとう」と言われる自分になることや、そんな仕事ができることは、生きることや人生そのものにおいて大変意味のあるものです。

一生懸命ってとても大変ですが、とてもステキなものです。

沢山の「ありがとう」にあふれたハッピーな仕事をしましょう。

すべては、あなたの一歩から始まります。

第６章のまとめ

□ 学んだことを即実行に移す

□ 実行に移せるものから取り組む

□ プロ意識を高く持つ

□ ロールプレイングはトレーナーがスタッフ、
学ぶ側がお客様で行う

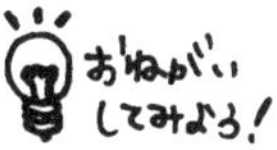

□ 成功体験を積む

□ 仕事で好きと言えるものを一つ見つける

□ 強い思いを持って仕事にあたる

□ 最初の一歩を踏み出す

おわりに

いかがでしたか。「ありがとう」をもらうための努力はけっこう大変で、でもだからこそやりがいがあるものだと伝わっていたら嬉しいです。

とは言っても、始めてみるとうまくいかないこと、思い通りにならないことが、これからたくさん出てくると思います。そんなときに思い出していただきたいのが、第1章の初めの方でお話をした「ハッピーサイクル」のことです。

あなたの行動や働きに感謝している人が、あなたに「ありがとう」と言う。

その「ありがとう」を受けて自分自身もハッピーになる。

それが原動力となって、次もしっかりと「ありがとう」をもらえる働きをすることで、また相手にハッピーを与えることができる。

この幸せの連鎖が、「ハッピーサイクル」であるとお伝えしました。

ハッピーサイクルを回すには、はじめの一歩を踏み出さなければなりません。自分が行動を起こして相手に影響を与え、その結果が良いものであれば「ありがとう」という感謝の言葉と、次の努力を促すパワーを受け取ることができます。

しかし、なんの準備も心構えもない人に一歩を踏み出すのは不可能です。これまでお話してきたようなたくさんの準備と努力の結晶が、あなたにハッピーサイクルの一歩を踏み出させます。

そうやって踏み出した一歩の結果がいまいちであろうと、すぐに「ありがとう」と言われようとなかろうと、必ずあなたの糧になります。あなたのかけてきた努力の時間は、決してあなたを裏切りません。絶対に、です。

「ありがとう」は「有る」のが「難しい」からこそ、もらうのが大変で、だから嬉しい言葉です。

本書を最後まで読むためにかけてきたあなたの大切な時間が、これから踏み出す力強い一歩の糧になることを祈念し、心からの感謝の言葉を贈ります。

「ありがとう」

川崎真衣

著者紹介

川﨑真衣（かわさき・まい）

株式会社マイウェイ 代表取締役
ハッピーサイクルコンサルタント

学生時代テーマパークでのアルバイトをきっかけに、以降様々なサービス業に携わる。ジェラートショップの店長としてのマネジメント経験を経て、(株)オリエンタルランドに入社、東京ディズニーランドのツアーガイドキャストになる。ツアーガイドキャストとして働くなかで、サービスパーソンの基礎となる考えを多く学び、さらなるフィールドを求めてツアーコンダクターの資格を取得。ツアーコンダクターとして活躍後、サービス業に携わる人をサポートする人材派遣会社に入社。この派遣会社にて、ＪＯＭＯカード（現・エネオスカード）の発券促進業務を担当。入会キャンペーンにて、10日間で約2,000枚の発券を達成したことをきっかけに、(株)ジャパンエナジー（現・JX日鉱日石エネルギー(株)）より、クレジットカード発券＆コミュニケーション専任講師としてスカウトされる。2007年、株式会社マイウェイを設立。サービスを自分から楽しむことで、それがいつかお客様から感謝の気持ちとして返ってくる「ハッピーサイクル」を提唱。現在、業種業界を問わない、様々な企業に向けた研修、講演、コンサルティングを通じ「仕事を楽しめる人材育成」をサポートしている。
著書に『サービスパーソンのためのディズニーランドのハッピーサイクル研修』(こう書房)。

「ありがとう」と言《い》われる
接客《せっきゃく》・販売《はんばい》の教科書《きょうかしょ》　〈検印省略〉

2015年　11 月　11 日　第　1　刷発行
2022年　6　月　5　日　第　2　刷発行

著　者――川﨑 真衣（かわさき・まい）
発行者――田賀井 弘毅

発行所――株式会社あさ出版
〒171-0022 東京都豊島区南池袋 2-9-9 第一池袋ホワイトビル 6F
電　話　03 (3983) 3225 (販売)
　　　　03 (3983) 3227 (編集)
FAX　03 (3983) 3226
URL　http://www.asa21.com/
E-mail　info@asa21.com

印刷・製本　(株)ベルツ

note　http://note.com/asapublishing/
facebook　http://www.facebook.com/asapublishing
twitter　http://twitter.com/asapublishing

ISBN978-4-86063-824-5 C2034
JASRAC 出 1511780-501